IPOの理論・実証分析
― 過小値付けと長期パフォーマンス ―

池田 直史

三菱経済研究所

まえがき

　企業が新規に株式を公開する際，前もって多くの投資家に株式が保有されていなければ，初日から活発な取引は行われない．そこで，企業は公開直前にあらかじめ定められた価格（公開価格）で，不特定多数の投資家を対象として株式を発行する．これを新規株式公開 (Initial Public Offering; IPO) という．この IPO をめぐって，「過小値付け現象」と「公開後の長期アンダーパフォーマンス現象」という理屈ではうまく説明できない特徴的事実が世界中で観察されている．

　過小値付け現象とは，公開初日の市場価格（初値）が公開価格を平均的に大きく上回る現象である．新聞等では，初値が公開価格を上回ることを肯定的にとらえ，このような状態が続くと「IPO 市場が活況」と表現したりする．確かに，公開価格で株式を割り当てられた投資家にとっては，公開初日に初値で売り抜ければ大きな収益を得られることを意味するため，肯定的にとらえられる現象である．では，株式を発行する企業にとってはどうであろうか．初値が高いということは，市場はその企業の株式の価値を公開価格より高く評価したことを意味する．したがって，本来ならば初値で新規公開株を売却できたはずであり，そうすれば，より大きな資金を得ることができたはずである．こう考えると，企業にとっては，むしろ否定的にとらえられる現象といえる．

　投資家サイドからみると，市場価格（初値）が公開価格を上回ることが期待されるならば，多くの投資家が申し込みに殺到し，超過需要が生じるであろう．通常の価格メカニズムが働けば，この需要圧力が公開価格を上昇させると考えられる．また，公開企業サイドからみても，公開価格を低めに設定するような証券会社を引受主幹事に選択し

ないと考えられる．それにもかかわらず，過小値付け現象は依然として観察されているのである．もし，公正な価格付けが行われず，公開企業にとってIPOのコストが高いものとなるならば，たとえ有利な投資機会を抱えた企業であっても，IPOを断念するかもしれない．

また，公開後の長期アンダーパフォーマンス現象とは，IPO企業は，同様な既公開企業と比して，公開後の長期株価パフォーマンス（株式投資収益率）が有意に低いという現象である．しばしば「初値天井」といわれるように，IPO銘柄は初値が最も高く，その後の株価が低迷するという銘柄も多い．しかし，考えてみると，公開後にIPO銘柄を購入しても利益を得られないことを投資家が知っているならば，公開後に購入する者はいなくなり，したがって，公開後のアンダーパフォーマンスは直ちに観察されなくなるはずである．

本書では，これらの2つの特徴的事実に関する未解決の問題を理論的・実証的に解明することを目的とする．

本書を執筆するにあたり，多くの方からご指導とご助力をいただいた．まず，大山道廣先生（慶應義塾大学）には本書を執筆する機会を与えていただいた．

学部時代からご指導をいただいている金子隆先生（慶應義塾大学）には，研究の姿勢，進め方，まとめ方など研究の基礎から丁寧にご教示いただいた．辻幸民先生（慶應義塾大学）からは，有益なご指摘・ご助言をいただいただけでなく，理論論文の読み方についてご指導をいただいた．和田賢治先生（慶應義塾大学）からは，丁寧なご指摘・ご助言をいただいた．また，田村茂先生（慶應義塾大学）からは，本質的で大変貴重なご指摘・ご助言をいただいた．

同期の富田信太郎君（慶應義塾大学）からは，日頃の議論を通じて多くのことを学んだ．鈴木孝政君（アイエヌジー生命）からは，定期的に行った勉強会で，本書の草稿に対して丁寧なご指摘をいただいた．

公益財団法人三菱経済研究所の前常務理事である青木透氏からは，本書の構想段階から数多くのご助言を，現常務理事である滝村竜介氏からは，本書の草稿に対して有益なご指摘をいただいた．研究員として同期であった増澤拓也氏（福山大学）からは，本書の草稿に対して有益なご助言をいただいた．また，研究所のみなさまには充実した研究環境を与えていただいた．
　ここに記して深く感謝申し上げたい．

2014 年 10 月

池田　直史

初出一覧

　本書の各章は，以下の論文が基になっている．ただし，本書の作成にあたり，大幅に加筆・修正を加えている．

第 2 章

　「IPO の株価観察不能性と正の初期収益率」，『金融経済研究』，2013 年，第 35 号，34–51 頁.

第 3 章

　「IPO における大手証券会社の引受と初期収益率：利益相反仮説の検証」，『三田商学研究』，2010 年，第 53 巻，第 1 号，81–96 頁.

第 4 章

　「引受主幹事の売買関係業務におけるシェアが IPO 後の流動性に与える影響」，慶應義塾大学経商連携グローバル COE プログラムディスカッションペーパー，2010 年，DP2009-025.

第 5 章

　「IPO 後の長期株価パフォーマンス」，『現代ファイナンス』，2013 年，第 33 巻，23–52 頁.

目　　次

第 1 章　序論：IPO をめぐる観察事実と本書で扱う問題 ………… 1
　1.1　はじめに ……………………………………………………… 1
　1.2　IPO の仕組み：概観 ………………………………………… 3
　1.3　過小値付け現象 ……………………………………………… 7
　　1.3.1　価格決定方式別 ………………………………………… 7
　　1.3.2　市場別 …………………………………………………… 10
　　1.3.3　企業特性別 ……………………………………………… 12
　1.4　長期アンダーパフォーマンス現象 ………………………… 16
　1.5　過小値付け現象の代表的な解釈：情報の非対称性に基づく
　　　　仮説 …………………………………………………………… 20
　　1.5.1　逆選択仮説（別名，勝者の災い仮説） ……………… 20
　　1.5.2　情報顕示仮説 …………………………………………… 21
　　1.5.3　シグナリング仮説 ……………………………………… 23
　　1.5.4　プリンシパル・エージェント・モデル ……………… 24
　1.6　本書で扱う問題 ……………………………………………… 25
　1.A　付録 …………………………………………………………… 33
第 2 章　IPO の株価観察不能性と正の初期収益率 ………………… 37
　2.1　はじめに ……………………………………………………… 37
　2.2　モデル ………………………………………………………… 41
　　2.2.1　モデルの設定 …………………………………………… 42
　　2.2.2　均衡価格と期待初期収益 ……………………………… 47
　　2.2.3　数値例 …………………………………………………… 49
　　2.2.4　比較静学 ………………………………………………… 49
　　2.2.5　PO との比較 …………………………………………… 51

	2.2.6	モデルの検討 ··	53
2.3	実証分析：モデルの検証 ··		53
	2.3.1	需要の価格弾力性の推定方法 ··	54
	2.3.2	検証方法 ··	56
	2.3.3	検証結果 ··	60
	2.3.4	事前不確実性の代理指標を使用した実証研究との関連 ··········	60
2.4	結語 ··		62
2.A	定理の証明 ···		64
2.B	拡張モデル：価格にノイズを含む場合 ···································		68
	2.B.1	設定 ··	68
	2.B.2	均衡価格 ··	69
	2.B.3	数値例 ··	72
	2.B.4	シミュレーション ··	73

第3章　IPOにおける大手証券会社の引受と初期収益率：利益相反仮説の検証 ·· 79

3.1	はじめに ··		79
3.2	関連する先行研究 ···		82
3.3	仮説の提示 ··		84
3.4	利益相反仮説の検証 ···		88
	3.4.1	検証方法 ··	88
	3.4.2	検証結果 ··	93
	3.4.3	結果の解釈 ··	97
3.5	結語 ··		101

第4章　引受主幹事の売買業務シェアがIPO後の市場流動性に与える影響 ··· 103

4.1	はじめに ··	103
4.2	仮説の提示 ··	105

- 4.3 引受主幹事の売買業務シェアが公開後の流動性に与える影響 ……………………………………………………………… 107
  - 4.3.1 検証方法 …………………………………………………… 107
  - 4.3.2 分析対象・データ・記述統計量 ……………………… 112
  - 4.3.3 計測結果とその解釈 …………………………………… 113
- 4.4 公開後の流動性の上昇が株価パフォーマンスに与える影響 ……………………………………………………………… 117
  - 4.4.1 検証方法 …………………………………………………… 117
  - 4.4.2 分析対象・データ・記述統計量 ……………………… 120
  - 4.4.3 計測結果とその解釈 …………………………………… 121
- 4.5 結語 …………………………………………………………… 122

第5章 IPO後の長期株価パフォーマンス ……………………… 125

- 5.1 はじめに ……………………………………………………… 125
- 5.2 長期パフォーマンスの検証方法 ………………………… 128
  - 5.2.1 バイ・アンド・ホールド異常収益率を用いた検証 … 128
  - 5.2.2 カレンダータイム・ポートフォリオ・アプローチによる検証 …………………………………………………… 129
  - 5.2.3 本章で採用する検証方法 ……………………………… 129
- 5.3 先行研究 ……………………………………………………… 131
  - 5.3.1 米国の先行研究 ………………………………………… 131
  - 5.3.2 日本の先行研究 ………………………………………… 133
- 5.4 データと収益率の算出方法 ……………………………… 135
  - 5.4.1 データ …………………………………………………… 135
  - 5.4.2 収益率の算出方法 ……………………………………… 137
- 5.5 バイ・アンド・ホールド異常収益率を用いた検証 …… 139
  - 5.5.1 ベンチマークの特定 …………………………………… 139
  - 5.5.2 記述統計量 ……………………………………………… 146
  - 5.5.3 検定方法 ………………………………………………… 147

	5.5.4 検定結果	150
	5.5.5 日本の先行研究との比較	162
5.6	カレンダータイム・ポートフォリオ・アプローチによる検証	164
	5.6.1 検定方法	164
	5.6.2 検証結果	167
5.7	結語	172
5.A	付録	174

参考文献 ………………………………………………………… 185

第1章　序論：IPOをめぐる観察事実と本書で扱う問題

1.1　はじめに

　本書の目的は，新規株式公開 (Initial Public Offering; IPO) にみられる特徴的な2つの観察事実——具体的には「過小値付け (underpricing) 現象」と「長期アンダーパフォーマンス (long-run underperformance) 現象」——に着目し，後述する未解明の問題に理論的・実証的に答えを与えることである．ここでIPOとは，新規に株式を公開する企業が公開直前に不特定多数の投資家を対象に，あらかじめ定められた価格で株式を発行することをいう．発行される株式は公募株式と売出株式に大別され，前者に適用される価格を公募価格，後者に適用される価格を売出価格という．公募と売出をともに行う場合，2つの価格は例外なく一致するため，以下では，これを公開価格と呼ぶ．

　IPOをめぐって，過小値付け現象と公開後の長期アンダーパフォーマンス現象という特徴的事実が世界中で指摘され，これらの現象が生じる理由を解明する試みがなされている．特に過小値付け現象については，理論・実証ともに数多くの研究が蓄積されている[1]．

　過小値付け現象とは，公開初日の市場価格（初値）が公開価格を平均的に大きく上回る現象である．公開価格に対する初値の変化率を初期収益率と呼ぶが，この初期収益率が平均的にみて異常に高いのである．

---

[1] 一連の研究を詳しくサーベイしたものとして，日本では，たとえば忽那 (2008) や岡村 (2013) が挙げられる．

この「異常に高い初期収益率」現象が「過小」値付け現象と呼ばれる理由は，欧米では，通常，株式市場は効率的であるという信念にも似た前提が置かれるためである．すなわち，たとえ公開初日であっても市場価格は企業価値に関する情報を正しく反映した価格であり，初期収益率が高いのは，市場で決定される初値が高いからではなく，公開価格が低めに設定されているからであると解釈されるのである．高い初期収益率は，新規公開株の割当を受けた投資家にとって，公開初日の初値で売り抜ければ，大きな収益を得ることを意味する．一方，公開企業にとって，公開価格でなく初値で新規公開株を売却していれば，より多くの資金を調達できたこと，すなわち，機会損失を意味する．したがって，もし高い初期収益率が期待されるならば，多くの投資家が申し込みに殺到し，この需要圧力が公開価格を上昇させると考えられる．また，引受主幹事の決定が競争的に行われるならば，公開企業は公開価格を低めに設定するような証券会社を引受主幹事に選択しないと考えられる．それにもかかわらず，依然として過小値付け現象が観察されている．

　公開後の長期アンダーパフォーマンス現象とは，既公開企業と比して，IPO企業の公開後の長期株価パフォーマンス（株式投資収益率）が有意に低いという現象である．投資家に，彼らが嫌うような特性，たとえば高いリスクや低い流動性などを受け入れさせるためには，プレミアムが必要となる．もしリスクや流動性などの特性が既公開企業とIPO企業の間で同一ならば，プレミアムは同じになるはずである．それにもかかわらず，IPO企業の公開後の長期パフォーマンスは，同じ特性を持つと考えられる既公開企業と比して，有意に悪いことが指摘されている．市場が情報効率的ならば，パフォーマンスが悪いIPO銘柄は公開日以降において購入されなくなり，したがって，公開後のアンダーパフォーマンスは直ちに観察されなくなるはずである．

　本書では，過小値付け現象とその周辺の問題，および長期アンダー

パフォーマンス現象を扱う．以下，1.2 節では，IPO の仕組みを概観する．1.3 節では，過小値付け現象に関する特徴的な事実をデータを用いて再確認する．1.4 節では，長期アンダーパフォーマンス現象をわが国の既存研究と同様の手法で確認する．1.5 節では，過小値付け現象を説明する代表的な仮説を紹介する．最後に，1.6 節では，本書が解明を試みる問題について述べる．

1.2 IPO の仕組み：概観

冒頭でも述べたように，IPO とは，新規に株式を公開する企業が公開直前に不特定多数の投資家を対象に，公開価格で株式を発行することをいう．公開価格の決定方式は，大別すると，(1) 固定価格方式，(2) 入札方式，(3) ブックビルディング方式の 3 つに分類される．わが国では，1989 年 3 月まで，すでに上場している類似企業（3 社程度）の直近株価と財務指標をもとに公開価格を算定する固定価格方式（わが国での名称は類似会社比準方式）が採用されていた．その後，固定価格方式（類似会社比準方式）から 1989 年 4 月に入札方式に移行し，1997 年 9 月に入札方式と選択可能な形でブックビルディング方式が導入された．ただし，両者が選択可能にもかかわらず，ブックビルディング方式導入後の最初の数カ月を除いて，入札方式は全く選択されていない．この節では，現在も公開価格の決定方式として採用されている入札方式とブックビルディング方式について簡単に説明しておこう[2]．

わが国の入札方式では，新規公開時に発行される株式の一部がコンベンショナル方式（複数価格方式）と呼ばれる価格競争入札にかけられる．これは，投資家に各自の希望する価格で入札させ，入札価格の

---

[2] 本節は，主として池田・金子 (2014) に依拠している．このほかにも，わが国の IPO の制度については，金子 (2002, 2007)，日本証券業協会 (2007)，佐々木 (2007)，忽那 (2008)，みずほ銀行証券事務部・みずほインベスターズ証券引受部 (2011) を参照されたい．

高い順に予定株数に達するまで落札していく方式である．そして，その落札結果をもとに，残りの株式（非入札部分）の公開価格を決定する．ただし，1989年4月の導入以来，1992年4月と1992年12月に2度の制度変更がなされており，決定に至る仕組みは時期によって異なる．ここで，便宜上，1989年4月から1992年3月までの入札方式を第1期，1992年4月から1992年12月までの入札方式を第2期，そして，1993年1月以降の入札方式を第3期と呼ぼう．導入当初の第1期では，入札にかけられる株式の割合は所定の計算方式に従って決められたが，発行株式総数の25%から50%の範囲に収まっていた．そして，すでに上場している類似企業を引受主幹事が複数選出し，直近株価，一株当たり純資産，一株当たり利益の各平均値をもとに，類似会社比準価格を求め，その水準を入札の下限価格，その130%水準を上限価格として，その範囲内で価格競争入札が行われた．入札結果は直ちに公表され，落札者が提示した価格の加重平均（以下，落札加重平均価格）をそのまま非入札部分の公開価格として採用した．1992年4月からの第2期では，入札株数が発行株式総数の50%以上に引き上げられた．さらに，入札方式の価格決定機能をより強化するため，上限価格が撤廃され，下限価格が類似会社比準価格の85%水準まで引き下げられた．他は第1期と同様である．1993年1月からの第3期（現行方式）では，落札加重平均価格をそのまま公開価格として採用するのではなく，入札状況，期間リスク，需要の見通し等を主幹事が総合的に勘案し，それを割り引く形で公開価格が決定されるようになった．ただし，割引率の決定理由を公表することが義務づけられている．

　第3期の入札方式における公開価格決定プロセスを示したのが図1.1である．公開日の約1カ月前に提出される有価証券届出書には，入札に関する価格情報は記載されず，その後に提出される第1回訂正届出書で，入札下限価格の決定理由や入札株数などの情報が開示される．公開日の約1週間前に入札が行われ，入札結果は即日公表される．そし

第 1 章 序論：IPO をめぐる観察事実と本書で扱う問題

図 1.1 入札方式による公開価格決定のプロセス

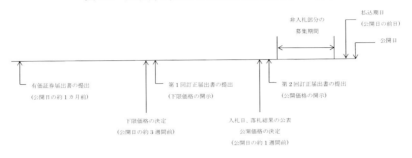

出所：池田・金子 (2014) から引用．

て，落札加重平均価格を割り引く形で主幹事が公開価格を決定する．

入札には発行企業の関係者（具体的には，商法に定める特別利害関係者，10 大株主，従業員，証券会社他）は参加できない．投資家が入札で取得できる株数は，5,000 株以下の範囲内で引受主幹事が定めた 1 単位（大半は 1,000 株）に制限されている．このため，入札に際して株数は記さず，価格のみを記すことになる．これらの参加資格制限や取得株数制限は，引受シンジケート団による非入札部分の割当てにも同様に適用される．

一方で，ブックビルディング方式は，1997 年 9 月に入札方式と選択可能な形で導入された．ブックビルディング方式による公開価格決定プロセスを示したのが図 1.2 である．この方式では，まず，引受主幹事は類似会社比準方式により企業価値を評価し，そこから IPO ディスカウントと呼ばれる割引を行って想定発行価格を決定する．この情報は，発行株数（公募・売出株数）などとともに，公開日の約 1 カ月前に提出される有価証券届出書に記載される．その上で，機関投資家を対象としたプレヒアリングを行う．具体的には，まず，企業の経営者や CFO が会社の概要を説明し，質問を受ける（ロードショー）．その後，出席した機関投資家から主幹事が需要や評価に関してヒアリング

図 1.2 ブックビルディング方式による公開価格決定プロセス

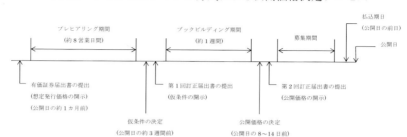

出所:池田・金子 (2014) から引用.

を行い，その意見を参考に仮条件（上限価格，下限価格）を決定する．この情報は，公開日の約3週間前に提出される第1回訂正届出書に記載される．

その後，この仮条件の範囲内で不特定多数の投資家の需要申告が行われる（ブックビルディング）．そして，その結果をもとに引受主幹事が発行企業と協議のうえ公開価格を決定する．この価格は，引受手数料を差し引いた引受価額とともに，第2回訂正届出書に記載される．ここで特筆すべきことは，わが国では，公開価格を仮条件の範囲内に収めることを明記したルールはないが，公開価格がそれを超えたことは一度もない点である．一方で，米国では，需要状況に応じて仮条件を超えた公開価格がしばしば設定されている[3]．その後，一定の募集期間を経て，公開価格決定日から約10日後に公開日を迎え，初値が決定される．

以上のように，ブックビルディング方式では，引受主幹事が公開価格の決定に大きく関与する．また，ブックビルディング方式では，引受業者が新規公開株の割当に対して裁量を持ち，入札方式と異なり株数制

---

[3] このほかの日米の違いとして，日本では，仮条件を決める前に機関投資家へのヒヤリングが行われるのに対して，米国では，仮条件が提示された上で機関投資家にロードショーが実施される．詳しくは，忽那 (2008) を参照されたい．

限も存在しない．両決定方式を比較すると，第 3 期の入札方式では公開価格の決定に際して引受業者に裁量が認められているものの，ブックビルディング方式のほうが入札方式よりも引受業者の裁量の余地が大きいといえる．

1.3 過小値付け現象

本節では，過小値付け現象に関する特徴的な事実を確認する．具体的には，価格決定方式別，市場別，企業特性別の初期収益率の違いをみる[4]．これにより，まだ解明されていない謎を示し，解明のための手掛かりを探る．なお，使用するデータは，ブックビルディング方式の IPO に関しては Kaneko and Pettway's Japanese IPO Database (KP-JIPO) から，入札方式の IPO に関しては個別目論見書等から作成のデータベースから入手した[5,6]．

1.3.1 価格決定方式別

前節でみたように，入札方式とブックビルディング方式では，公開価格の決め方が大きく異なっている．以下では，1989 年 4 月以降の IPO を対象として，公開価格の決定方式の違いによって，初期収益率に違いが生じるのかをみてみよう．

表 1.1 は，入札方式が導入された 1989 年 4 月以降を対象に，価格決定方式別に年ごとの IPO 件数，初期収益率の平均値と中央値を示したものである．まず，全体を通してみると（表 1.1 最下段），初期収益

---

[4] IPO 研究では，一般に初期収益率を算出する際，公開初日の市場価格には始値ではなく，終値が使用される．本書でもその慣例に従っている．

[5] KP-JIPO は http://www.fbc.keio.ac.jp/~kaneko/KP-JIPO/top.htm から得られる．

[6] 入札方式の IPO データベースの利用に関しては，金子隆氏（慶應義塾大学）から便宜を受けた．

表 1.1 年ごとの初期収益率：価格決定方式別

	入札方式：第1期			入札方式：第2期			入札方式：第3期			ブックビルディング方式		
	観測数	平均値	中央値	観測数	平均値	中央値	観測数	平均値	中央値	観測数	平均値	中央値
1989	98	8.0	3.8									
1990	133	16.6	5.5									
1991	128	21.7	7.8									
1992				26	11.1	8.5						
1993							89	13.8	7.7			
1994							149	11.9	7.6			
1995							187	12.5	7.5			
1996							162	14.3	9.9			
1997							100	3.1	3.0	42	8.5	3.4
1998							0	—	—	86	20.9	11.0
1999							0	—	—	106	112.7	59.5
2000							0	—	—	203	17.9	6.5
2001							0	—	—	169	45.8	19.6
2002							0	—	—	124	32.5	11.8
2003							0	—	—	121	54.4	28.8
2004							0	—	—	175	102.7	85.0
2005							0	—	—	158	137.9	93.5
2006							0	—	—	188	76.2	29.8
2007							0	—	—	121	50.5	32.6
2008							0	—	—	49	17.8	-4.4
2009							0	—	—	19	38.2	26.0
2010							0	—	—	22	18.1	0.0
全体	359	16.0	4.8	26	11.1	8.5	687	11.6	7.2	1583	62.1	25.0

入札方式が導入された 1989 年 4 月以降を対象に，価格決定方式別に年ごとの IPO 件数，初期収益率の平均値と中央値を示している．初期収益率の単位は [%] である．

率の平均値は，第 1 期の入札方式では 16.0%，第 2 期の入札方式では 11.1%，第 3 期の入札方式では 11.6%，そして，ブックビルディング方式では 62.1% である．したがって，どの価格決定方式であっても，過小値付け現象が観察されるといえる．

また，年ごとの平均値をみると，どの年も平均的に初期収益率は正であるが，年によって初期収益率の大きさに違いがあることがわかる．たとえば，ブックビルディング方式に着目すると，1999 年，2004 年，2005 年では，初期収益率の平均値が 100% を超えているのに対して，1997 年，2000 年，2008 年，2010 年では，20% を下回っていることがわかる．なお，1998 年以降入札方式での IPO 件数が 0 であるのは，先に述べたとおりである．

第 1 章　序論：IPO をめぐる観察事実と本書で扱う問題

表 1.2　価格決定方式別の記述統計量

		初期収益率					
	観測数	平均値	標準偏差	最小値	中央値	最大値	負の割合
入札方式：第 1 期	359	16.0	32.5	-34.5	4.8	233.3	8.6
入札方式：第 2 期	26	11.1	17.6	-18.5	8.5	63.5	19.2
入札方式：第 3 期	687	11.6	16.8	-33.8	7.2	125.0	9.0
ブックビルディング方式	1583	62.1	103.2	-64.3	25.0	863.6	19.8
全体	2655	42.3	84.5	-64.3	11.5	863.6	15.5

F-statistic: 118.340***
χ^2-statistic: 167.560***

価格決定方式別に初期収益率の記述統計量を示している．初期収益率の単位は [%] である．「負の割合」は初期収益率が負の割合を表している．F-statistic は分散分析の F 統計量，χ^2-statistic はクラスカル・ウォリス検定の χ^2 統計量である．***，**，*はそれぞれ 1%，5%，10% 水準で統計的に有意であることを表す．

　表 1.2 は価格決定方式別の記述統計量をさらに詳しく示している．入札方式のほうがブックビルディング方式よりも，初期収益率が低く，ばらつきが小さいことがわかる．分散分析の F 統計量とクラスカル・ウォリス検定の χ^2 統計量をみると，共に有意であることがわかる．したがって，初期収益率の平均値（中央値）が価格決定方式により有意に異なっているといえる．

　そこで，価格決定方式間でどの母平均に有意な差があるかをみるために対比較を行った．対比較の結果は章末 1.A に掲載されている（これ以降に示す対比較の結果の表も同様）．t 検定による対比較の結果は章末 1.A 表 1.10 のパネル A に，ウィルコクソンの順位和検定による対比較の結果は章末 1.A 表 1.10 のパネル B に示されている．なお，この表には，検定の多重性を考慮して，Holm の方法で修正した p 値が記載されている（これ以降に示す対比較の結果の表も同様）．表 1.10 のパネル A の t 検定の結果をみると，どの期間の入札方式であっても，ブックビルディング方式との間に有意な差があることがわかる．また，期間 1 の入札方式と期間 3 の入札方式との間に有意な差があることがわかる．

表 1.10 のパネル B のウィルコクソンの順位和検定の結果をみると，ここでも，3 つの期間の入札方式とブックビルディング方式との間に有意な差があることがわかる．入札方式間では有意な結果は得られない．両検定の結果から，入札方式の初期収益率よりもブックビルディング方式のそれの方が有意に大きいと結論づけられる．

同様のことは，Kaneko and Pettway (2003) でも指摘されている．同論文では，初期収益率に影響を及ぼす他の要因をコントロールしても，ブックビルディング方式のほうが入札方式よりも有意に初期収益率が高いことを示している．したがって，ブックビルディング方式のほうが入札方式よりも公開企業の機会損失が大きいことになる[7]．

1.3.2 市場別

次に，ジャスダック（店頭市場を含む），マザーズ，ヘラクレス（ナスダック・ジャッパンを含む），東証，それ以外の市場にサンプルを分割し，市場ごとの初期収益率をみていこう．ここで，それ以外の市場には，大証，大証新市場部，名証，セントレックス，福証，Q-Board，札証，アンビシャス，新証，京証，広証，NEO が含まれる．なお，マザーズは 1999 年 11 月，ヘラクレスの前身のナスダック・ジャパンは 2000 年 5 月に開設された．この時期は，すでにブックビルディング方式が支配的で入札方式を採用する企業は存在していない．

公開価格決定方式によって初期収益率は大きく異なるため，以下の市場別の初期収益率の比較では，入札方式とブックビルディング方式にサンプルを分けて行っている．なお，入札方式は第 1 期から第 3 期までの IPO をすべてまとめている．

---

[7] 先に述べたとおり，ブックビルディング方式導入後の最初の数カ月を除いて，入札方式は全く選択されていない．本書では直接扱っていないが，機会損失が大きいにもかかわらず，発行企業が入札方式ではなくブックビルディング方式を選択する理由を明らかにすることは，今後の重要な課題である．

第1章 序論：IPOをめぐる観察事実と本書で扱う問題　　*11*

表 1.3　市場別の記述統計量：入札方式

	初期収益率						
	観測数	平均値	標準偏差	最小値	中央値	最大値	負の割合
ジャスダック	732	13.8	24.9	-34.5	6.8	233.3	7.5
東証	95	11.9	24.2	-24.2	6.6	123.5	22.1
その他市場	245	11.5	17.6	-33.8	6.1	125.0	9.0
全体	1072	13.1	23.4	-34.5	6.6	233.3	9.1

F-statistic: 1.324
χ^2-statistic: 1.089

入札方式の IPO について市場別に初期収益率の記述統計量を示している．初期収益率の単位は [%] である．「負の割合」は初期収益率が負の割合を表している．F-statistic は分散分析の F 統計量，χ^2-statistic はクラスカル・ウォリス検定の χ^2 統計量である．***，**，*はそれぞれ 1%，5%，10% 水準で統計的に有意であることを表す．

入札方式

表 1.3 は，入札方式を採用した IPO の初期収益率の記述統計量を市場別に示している．分散分析とクラスカル・ウォリス検定の結果は，共に有意でないことがわかる．また，市場間の対比較を行った結果も有意ではない（章末 1.A 表 1.11）．これらの結果から，入札方式では市場間に有意な差は観察されないといえる．ただし，サンプルサイズに偏りがあり検定力が低いために有意な結果が得られなかった可能性は残される．

ブックビルディング方式

表 1.4 は，ブックビルディング方式を採用した IPO の初期収益率の記述統計量を市場別に示したものである．分散分析とクラスカル・ウォリス検定の両方とも 1% 水準で有意である．したがって，ブックビルディング方式では市場間で初期収益率に違いがあることがわかる．

そこで，市場間の対比較を行った．その結果は章末 1.A 表 1.12 に示されている．東証と新興 3 市場に着目すると，t 検定（パネル A）とウィルコクソンの順位和検定（パネル B）ともに，ヘラクレスとマザー

表1.4 市場間の対比較：ブックビルディング方式

	初期収益率						
	観測数	平均値	標準偏差	最小値	中央値	最大値	負の割合
ジャスダック	759	53.1	93.9	-64.3	20.8	809.1	17.0
マザーズ	253	103.0	113.3	-54.3	80.9	594.3	13.4
ヘラクレス	217	95.8	136.3	-43.0	56.7	863.6	21.7
東証	200	22.6	43.5	-39.6	9.3	297.0	29.5
その他市場	154	42.9	96.6	-50.1	10.0	640.0	28.6
全体	1583	62.1	103.2	-64.3	25.0	863.6	19.8

F-statistic: 38.649***
χ^2-statistic: 124.235***

ブックビルディング方式のIPOについて市場間の対比較を行った結果を示している．パネルAはウェルチのt検定の結果，パネルBはウィルコクソンの順位和検定の結果である．いずれもHolmの方法で修正したp値を示している．***，**，*はそれぞれ1%，5%，10%水準で統計的に有意であることを表す．

ズの間には有意差は観察されない．それ以外は，市場間で有意な差が観察される．したがって，マザーズとヘラクレスにおけるIPOの初期収益率の平均値（中央値）は，ジャスダックのそれよりも有意に高いといえる．さらに，ジャスダックの初期収益率の平均値（中央値）は東証よりも有意に高いといえよう．

1.3.3 企業特性別

本項では，対象を今日支配的なブックビルディング方式に限定して，業種や規模・企業年齢といった企業特性による初期収益率の違いをみる．

業種別

まずは，業種別の初期収益率についてみてみよう．表1.5は，業種別（東証33種業種分類）に初期収益率の記述統計量を示したものである．これをみると，業種間で違いがあることがわかる．サンプルサイズが10を超える業種をみると，たとえば，情報・通信業の初期収益率の平均値は124.0%であり，他の業種よりも高い．その一方で，金属

製品業は 13.5% であり，業種間でばらつきがあることがうかがえる．実際，クラスカル・ウォリス検定の結果から，業種間で初期収益率の平均値（中央値）に有意な差があるといえる[8]．

規模・企業年齢別

ここでは，規模・企業年齢に基づいて IPO 企業を分類して初期収益率の大きさをみる．米国では，年齢が若くて規模が小さい企業ほど初期収益率が高くなることが指摘されている．わが国においても同様の事実が観察されるのかをみていこう．

IPO 企業の規模と初期収益率の関係をみてみよう．表 1.6 は，IPO 企業を公開日前の直近決算期における資産合計に基づいて 5 分位に分け，各クラスについて初期収益率の記述統計量を示したものである．ここで，assets1 が規模の最も小さいクラス，assets5 が規模の最も大きいクラスを表している．これをみると，平均値と中央値ともに，規模が大きくなると初期収益率は単調に減少することがわかる．また，クラス間で対比較を行った結果は章末 1.A 表 1.13 に示されている．t 検定とウィルコクソンの順位和検定ともに，すべてのクラス間で有意な差があることがわかる．このことから，規模が小さいほど初期収益率が高くなるといえよう．

同様に，企業年齢別にみてみよう．企業年齢についても，5 分位に分け，各クラスについて初期収益率の記述統計量を示している（表 1.7）．ここで，age1 が企業年齢の最も低いクラス，age5 が規模の最も高いクラスを表している．これをみると，平均値と中央値ともに，企業年齢が高くなると初期収益率は単調に減少することがわかる．また，クラス間で対比較を行った結果は章末 1.A 表 1.14 に示されている．age1 と age2 の間に有意な差は観察されないが，それ以外ではすべてのクラス間で有意な差がある．以上のことから，企業年齢が若いほど初期収益

---

[8] 分散分析はサンプルサイズが 1 の業種があるため行えない．

表 1.5 業種別の記述統計量

		初期収益率					
	観測数	平均値	標準偏差	最小値	中央値	最大値	負の割合
水産・農林業	3	29.0	37.3	2.5	12.7	71.7	0.0
鉱業	3	26.0	17.1	14.3	18.1	45.5	0.0
建設業	46	50.2	120.2	-34.0	13.1	663.3	13.0
食料品	29	34.2	50.0	-17.0	21.2	192.9	13.8
繊維製品	3	17.0	24.8	-2.8	8.9	44.9	33.3
パルプ・紙	5	46.3	68.5	3.1	11.9	165.8	0.0
化学	40	42.4	67.4	-35.6	13.2	246.2	30.0
医薬品	17	31.4	41.1	-44.7	35.0	104.0	23.5
石油・石炭製品	2	12.5	1.2	11.6	12.5	13.4	0.0
ゴム製品	1	9.7	–	9.7	9.7	9.7	0.0
ガラス・土石製品	7	55.0	40.3	3.0	44.4	117.8	0.0
鉄鋼	2	45.7	41.4	16.5	45.7	75.0	0.0
非鉄金属	8	27.4	26.7	-7.4	28.5	75.8	25.0
金属製品	17	13.5	38.2	-36.4	0.5	108.9	35.3
機械	59	33.1	59.7	-41.4	13.4	284.6	23.7
電気機器	88	55.2	85.0	-54.3	27.1	354.5	20.5
輸送用機器	14	19.0	26.2	-7.8	10.2	83.4	21.4
精密機器	21	63.7	92.4	-38.2	41.7	369.3	14.3
その他製品	46	38.8	74.0	-39.6	5.9	293.9	34.8
電気・ガス業	5	66.7	86.0	3.0	31.5	217.3	0.0
陸運業	6	35.3	44.5	-5.2	21.6	95.7	33.3
空運業	1	0.0	–	0.0	0.0	0.0	0.0
倉庫・運輸関連業	13	30.3	57.9	-33.9	3.7	128.6	30.8
情報・通信業	170	124.0	143.5	-29.0	85.9	809.1	10.6
卸売業	148	54.7	78.0	-50.1	22.2	347.4	19.6
小売業	206	44.3	73.1	-54.5	20.7	444.3	18.0
銀行業	7	9.4	24.3	-11.9	-0.5	57.5	57.1
証券、商品先物取引業	23	35.4	54.3	-9.1	9.5	221.8	21.7
保険業	8	59.4	76.5	2.9	13.8	200.0	0.0
その他金融業	22	61.2	86.1	-14.7	30.4	342.9	13.6
不動産業	111	70.3	93.6	-35.3	33.1	390.0	18.9
サービス業	452	69.4	122.4	-64.3	23.9	863.6	22.3
全体	1583	62.1	103.2	-64.3	25.0	863.6	19.8

χ^2-statistic: 91.013***

業種別に初期収益率の記述統計量を示している。初期収益率の単位は [%] である。「負の割合」は初期収益率が負の割合を表している。χ^2-statistic はクラスカル・ウォリス検定の χ^2 統計量である。***, **, *はそれぞれ 1%, 5%, 10%水準で統計的に有意であることを表す。

第 1 章 序論：IPO をめぐる観察事実と本書で扱う問題　　15

表 1.6　記述統計量：規模別

	初期収益率						
	観測数	平均値	標準偏差	最小値	中央値	最大値	負の割合
assests1	317	117.5	139.2	-54.3	88.3	863.6	16.1
assests2	316	87.3	129.0	-64.3	41.8	809.1	15.2
assests3	316	49.7	71.0	-50.6	28.9	530.3	16.1
assests4	316	36.1	64.5	-36.5	11.7	366.7	22.8
assests5	317	20.0	42.2	-41.4	7.0	297.0	28.4
全体	1583	62.1	103.2	-64.3	25.0	863.6	19.8

F-statistic: 53.716***

χ^2-statistic: 180.986***

資産合計 (規模) の 5 分位クラス別に初期収益率の記述統計量を示している．初期収益率の単位は [%] である．ここで，assets1 が規模の最も小さいクラス，assets5 が規模の最も大きいクラスである．「負の割合」は初期収益率が負の割合を表している．F-statistic は分散分析の F 統計量，χ^2-statistic はクラスカル・ウォリス検定の χ^2 統計量である．***, **, * はそれぞれ 1%, 5%, 10% 水準で統計的に有意であることを表す．

表 1.7　記述統計量：企業年齢別

	初期収益率						
	観測数	平均値	標準偏差	最小値	中央値	最大値	負の割合
age1	317	94.4	127.6	-64.3	56.7	809.1	18.9
age2	315	93.4	135.2	-50.6	50.0	863.6	15.2
age3	318	61.3	89.5	-54.5	26.6	594.3	17.6
age4	316	36.4	68.1	-41.4	12.7	515.4	21.2
age5	317	25.0	45.6	-37.0	9.5	300.0	25.9
全体	1583	62.1	103.2	-64.3	25.0	863.6	19.8

F-statistic: 39.824***

χ^2-statistic: 114.718***

企業年齢の 5 分位クラス別に初期収益率の記述統計量を示している．初期収益率の単位は [%] である．ここで，age1 が企業年齢の最も低いクラス，age5 が企業年齢の最も高いクラスである．「負の割合」は初期収益率が負の割合を表している．F-statistic は分散分析の F 統計量，χ^2-statistic はクラスカル・ウォリス検定の χ^2 統計量である．***, **, * はそれぞれ 1%, 5%, 10% 水準で統計的に有意であることを表す．

率が高くなるといえよう.

1.4 長期アンダーパフォーマンス現象

　本節では，わが国を分析対象とした先行研究と同様，ベンチマークを市場インデックスとしてIPO企業の公開後の長期アンダーパフォーマンスが観察されるかを確認しよう. ただし, 市場インデックスをベンチマークとすることは, IPO企業と特性が同一の既公開企業をベンチマークとしているとはいえず，問題があることに留意されたい.

　3年間を756営業日と定義して，3年間のバイ・アンド・ホールド収益率を公開後の初約定日からの価格変化率で計算する. すなわち，企業 i のバイ・アンド・ホールド収益率は以下のようになる.

$$BHR_i = \frac{P_{i,\tau=756}}{P_{i,\tau=0}} - 1 \tag{1.1}$$

ここで, τ は初約定日からの相対日数を表し, $P_{i,\tau=0}$ は初約定日の終値, $P_{i,\tau=756}$ は初約定日から756営業日後の終値である. なお, 個別銘柄の収益率の算出には, 分割を修正した終値を使用している.

　そして, 異常収益率 (abnormal return; AR) は, IPO 企業のバイ・アンド・ホールド収益率から同一期間について計測したベンチマークのそれ (BHR_{BM}) を減じたもので定義する.

$$AR_i = BHR_i - BHR_{BM} \tag{1.2}$$

この AR の平均値（中央値）が負ならば, IPO企業はベンチマークをアンダーパフォーマンスしていることになる.

　価格決定方式の違いが公開後の長期パフォーマンスに影響する可能性があるため, 対象は今日支配的なブックビルディング方式のIPOに限定し, 市場別にARを計測する. ベンチマークは, ジャスダック, マ

第 1 章 序論：IPO をめぐる観察事実と本書で扱う問題　　*17*

表 1.8　市場別の異常収益率の記述統計量

				AR					
	観測数	平均値	標準偏差	最小値	Q1	中央値	Q3	最大値	IQR
ジャスダック	723	26.0	313.3	-280.4	-62.0	-25.5	21.1	5418.2	83.1
マザーズ	229	-34.8	99.6	-359.7	-66.8	-43.3	-25.2	747.9	41.6
ヘラクレス	205	1.1	192.5	-265.1	-69.1	-42.4	-8.4	1128.2	60.7
東証	179	11.4	81.6	-104.3	-33.6	-10.6	29.9	410.0	63.5
全体	1336	9.8	248.6	-359.7	-60.0	-30.3	8.2	5418.2	68.2

F-statistic: 11.669***
χ^2-statistic: 64.174***

市場別に異常収益率の記述統計量を示している．異常収益率の単位は [%] である．Q1 は第 1 四分位数，Q3 は第 3 四分位数，IQR は四分位範囲である．F-statistic は分散分析の F 統計量，χ^2-statistic はクラスカル・ウォリス検定の χ^2 統計量である．***，**，* はそれぞれ 1%，5%，10% 水準で統計的に有意であることを表す．

ザーズ，ヘラクレスの IPO 企業についてはジャスダック・インデックス，東証の IPO 企業については TOPIX を使用する．IPO 企業が途中で上場廃止や上場替えによって IPO 時の市場から退出した場合は，退出するまでのバイ・アンド・ホールド収益率を計測した．なお，この場合でもベンチマークについては，756 営業日間のバイ・アンド・ホールド収益率を計測している．IPO 企業の株価は日経 NEEDS 株価データから，市場インデックスのデータは日経 NEEDS マクロ経済・日々指数データから入手した．

表 1.8 には，AR の記述統計量が示されている．これをみると，マザーズを除いて，AR の平均値は正であることがわかる．これはマザーズを除き，IPO 企業がベンチマークをオーバーパフォーマンスしていることを意味する．しかし，どの市場も第 3 四分位数 (Q3) に比して最大値が大きく，正の外れ値が平均値を引き上げたことで「オーバーパフォーマンス」が観察された可能性がある．そこで，外れ値に頑健な中央値をみると，どの市場であっても負であることがわかる．結果の表は掲載していないが，ウィルコクソンの符号付き順位和検定を行ったところ，ジャスダック，マザーズ，ヘラクレスでは 1% 水準で有意で

表 1.9 異常収益率の記述統計量（外れ値排除サンプル）

					AR				
	観測数	平均値	標準偏差	最小値	Q1	中央値	Q3	最大値	IQR
ジャスダック	683	-23.6	76.9	-280.4	-64.7	-29.9	7.2	265.3	71.9
マザーズ	213	-43.6	47.6	-174.1	-64.2	-43.4	-28.6	98.7	35.6
ヘラクレス	190	-43.3	61.8	-190.3	-70.3	-43.8	-18.2	159.6	52.1
東証	174	2.6	62.3	-104.3	-34.6	-11.2	27.3	218.1	61.9
全体	1260	-26.3	70.0	-280.4	-61.0	-32.3	-0.9	265.3	60.0

F-statistic: 26.001***

χ^2-statistic: 75.760***

市場別に異常収益率の記述統計量を示している．異常収益率の単位は [%] である．（第 1 四分位数）－3×（四分位範囲）より小さい異常収益率，（第 3 四分位数）＋3×（四分位範囲）より大きい異常収益率を満たす観測値を外れ値とみなしそれを排除している．Q1 は第 1 四分位数，Q3 は第 3 四分位数，IQR は四分位範囲である．F-statistic は分散分析の F 統計量，χ^2-statistic はクラスカル・ウォリス検定の χ^2 統計量である．***，**，* はそれぞれ 1％，5％，10％ 水準で統計的に有意であることを表す．

あった．一方で，東証は有意ではなかった（p 値 $=0.340$）．このことは，中央値でみると，ジャスダック，マザーズ，ヘラクレスでは，IPO 企業が有意にベンチマークをアンダーパフォーマンスしていることを意味する．

また，外れ値が含まれるならば，それを排除して分析したほうが適切であろう．そこで，（第 1 四分位数）－3×（四分位範囲）より小さい異常収益率，（第 3 四分位数）＋3×（四分位範囲）より大きい異常収益率を満たす観測値を外れ値とみなした．そして，外れ値を排除したサンプルについても，記述統計量を求めた．その結果は表 1.9 に示されている．これをみると，東証を除いて，外れ値を排除しない場合と異なり，AR の平均値は負になっていることがわかる．結果の表は掲載していないが，各市場について平均値が 0 であるという帰無仮説の t 検定を行ったところ，ここでも，ジャスダック，マザーズ，ヘラクレスでは 1％ 水準で有意であり，東証は有意ではなかった（p 値 $=0.587$）．

以上のことから，東証を除いて，中央値でみた場合，また，外れ値を除いて平均値でみた場合は，公開後のアンダーパフォーマンスが有

意に観察される．

　次に，市場間で公開後のパフォーマンスに違いがあるのかをみてみよう．表 1.8 のクラスカル・ウォリス検定が有意であることから，市場間で異常収益率の中央値に違いがあるといえる．また，表 1.9 の分散分析とクラスカル・ウォリス検定の結果から，外れ値を排除したサンプルを対象にすると，市場間で異常収益率の平均値に違いがあるといえる．そこで，異常収益率について市場間の対比較を行った．結果は章末 1.A 表 1.15 に示されている．なお，t 検定は外れ値を排除したサンプルを対象に，ウィルコクソンの順位和検定はフルサンプルを対象にしている．t 検定とウィルコクソンの順位和検定ともに，ヘラクレスとマザーズとの間に有意差があるという結果は得られないが，それ以外の市場間では有意な差が観察される．以上の結果をまとめると，ジャスダック，マザーズ，ヘラクレスの 3 市場で公開後のアンダーパフォーマンスが観察されるが，その程度は，ジャスダックよりもマザーズやヘラクレスのほうが大きいと結論づけられる．

　ただし，この節の冒頭で述べたとおり，以上の方法には，ベンチマークとして市場インデックスを使用している点で問題が含まれる．米国では，ベンチマークによって，IPO 企業の公開後の長期アンダーパフォーマンスが観察されるとはいえないことが指摘されている．また，本節で行った検定方法には，バイアスが存在していることが指摘されている．そのため，まずはより精緻な方法で，本当に公開後の長期アンダーパフォーマンス現象が観察されるのかを確認することが必要である．これは，第 5 章で扱う．

1.5 過小値付け現象の代表的な解釈：情報の非対称性に基づく仮説

本節では，過小値付け現象の代表的な解釈を紹介する．その中でも特に，現在，広く受け入れられている情報の非対称性に基づく仮説を紹介する．具体的には，逆選択仮説，情報顕示仮説，シグナリング仮説，プリンシパル・エージェント・モデルの 4 つを紹介する．このうち，今日最も支持を集めているものは，情報優位の投資家の存在を仮定する逆選択仮説と情報顕示仮説である[9,10]．

なお，長期アンダーパフォーマンス現象については，定型化された事実として認められるのか決着がついていないといえる．そのため，この現象を説明する仮説は存在するが，紹介は省略する．

1.5.1 逆選択仮説（別名，勝者の災い仮説）

Rock (1986) が提示した逆選択仮説では，投資家間の情報の非対称性を前提とする．Rock (1986) は，公開企業の価値に関して正しい情報を持つ少数の投資家（情報優位の投資家）と持たない大多数の投資家（情報劣位の投資家）の存在を想定している．同仮説によると，情報優位の投資家は魅力的な IPO 株しか購入しようとしないのに対して，情報劣

---

[9] 過小値付け現象を説明する仮説とその実証については，Jenkinson and Ljungqvist (2001)，Ljungqvist (2007) が詳しい．

[10] 情報の非対称性に基づく仮説のほかにも，(1)IPO に伴う所有構造の変化と結びつけて過小値付けをとらえる仮説，(2) 制度的な要因から説明を試みる仮説，(3) 行動ファイナンスの視点から説明を試みる仮説が存在する．(1) に属する代表的なものに，私的便益を確保するための手段として過小値付けを利用するという仮説 (Brennan and Franks, 1997) や，最適なモニタリングを引き出すために過小値付けを利用するという仮説 Stoughton and Zechner (1998) がある．(2) に属する代表的なものに，株主による訴訟を回避するために過小値付けを利用するという仮説 (Tinic, 1988) や，公開後の価格安定化操作から平均的に観察される正の初期収益率を説明する研究がある (Ruud, 1993; Schultz and Zaman, 1994)．(3) に属する代表的なものに，情報カスケード仮説 (Welch, 1992) がある．また，近年では，投資家のセンチメントの存在を仮定する仮説 (Derrien, 2005) がある．

位の投資家はどの IPO 株であっても無差別に購入しようとする．その結果，魅力的な IPO 株に対する情報劣位の投資家の需要は，情報優位の投資家の需要によって一部追い出されるため，情報劣位の投資家が購入できる株式は質の劣る IPO 株である可能性が大きくなる．よって，彼らの入手した IPO 株がもたらす期待利得は負となってしまう．このことを恐れて情報劣位の投資家が IPO 市場に参加しなくなると，IPO 株に対する需要が不足する．そのため，引受主幹事は，情報劣位の投資家を IPO 市場に参加させるために，彼らの入手する IPO 株の期待利得が少なくともゼロになるように意図的に過小値付けを行う．

Beatty and Ritter (1986) は，Rock (1986) のモデルを拡張して，ファンダメンタル価値の不確実性（事前不確実性）が大きいほど，過小値付けが大きくなることを示している．このインプリケーションは，事前不確実性の代理変数としてさまざまな指標が用いられ，検証されている．たとえば，企業年齢や規模を事前不確実性の代理変数とする研究が存在する．これらの研究では，企業年齢が低いほど，また，規模が小さいほど事前不確実性が大きいと解釈する[11]．実証分析の結果は逆選択仮説と整合的であり，企業年齢が低いほど，また，規模が小さいほど，初期収益率が高いことが示されている．1.3 節で示したとおり，これはわが国においても観察される．

1.5.2 情報顕示仮説

Benveniste and Spindt (1989) も，Rock (1986) と同様，情報優位の投資家（常時参加の投資家）の存在を仮定している．情報劣位にあるのは公開価格の設定を行う引受業者である．ここで，引受業者は発行企業の資金調達額を最大化するように，公開価格と新規公開株の割当を行うと仮定している．引受業者は情報優位の投資家から情報を集めて

---

[11] たとえば，事前不確実性の代理指標として，企業年齢を使用した研究に James and Wier (1990) が，規模（発行総額の逆数）を使用した研究に Beatty and Ritter (1986) がある．

価格付けを行いたいが，情報優位の投資家は自ら進んで情報開示することはない．Benveniste and Spindt (1989) は，情報優位の投資家に情報を正直に伝える誘因を持たせるために，引受業者が過小値付けした新規公開株を割り当てるというモデルを展開している[12]．

　Benveniste and Spindt (1989) は，引受業者が公開価格の決定と割当について裁量を持つブックビルディング方式の有効性を示したモデルといえる．このことに関連して，Sherman (2000) は，Benveniste and Spindt (1989) の枠組みを用いて，ブックビルディング方式は，引受業者が投資家との間の長期的な関係に基づいて割当を行うことを可能とし，これが過小値付けを減少させると主張している．それ以外の方式では，引受業者は投資家と長期的な関係を形成できない．また，Sherman (2005) でも，同様の枠組みを用いて，ブックビルディング方式と2つのタイプの入札方式（単一価格方式と差別価格方式）を同一環境の下でモデル化している．そして，ブックビルディング方式では，情報生産をコントロールできるため，資金調達額や公開後のボラティリティーをコントロールできることを示している．一方で，入札方式では，情報生産を適切に行う投資家を確実に確保することができないため，過小需要の可能性が資金調達額を低くし，ボラティリティーを増加させることを示している[13]．しかし，1.3節で示したとおり，わが国では，ブックビルディング方式の平均初期収益率は入札方式のそれよりも有意に高い．そのため，これらの主張はわが国の観察事実と相反する．

　Hanley (1993) は次のアイデアを用いて，Benveniste and Spindt (1989)

---

[12]この Benveniste and Spindt (1989) を拡張したモデルがいくつか提示されている．たとえば，情報の獲得を内生化したものに Sherman (2000)，Sherman and Titman (2002) がある．これらのモデルでは，情報獲得にコストがかかり，情報獲得する誘因を持たせるための条件が，情報を正直に伝える誘因を持たせるための条件よりも制約的となり，前者の条件が過小値付けを決定する．

[13]Sherman (2005) では，Sherman (2000) と Sherman and Titman (2002) と同様，情報の獲得を内生化している．

を検証している．もし，需要申告の際，当初の予想以上に投資家の需要（正の情報）があれば，事前に想定していた公開価格よりも最終的に公開価格を引き上げるであろう．ここで，Benveniste and Spindt (1989) に従えば，引受業者は，情報を明らかにしてくれた投資家に報酬を与えるために，すべての情報を最終的な公開価格に反映させることはせず，部分的にしか上方修正しないことが予想される．Hanley (1993) は，仮条件の上限と下限の中間を事前に想定される公開価格とした．そして，想定公開価格から最終的な公開価格への上方修正が大きい銘柄ほど，過小値付けが大きいことを示し，Benveniste and Spindt (1989) と整合的であるとしている．

1.5.3　シグナリング仮説

通常，発行企業のほうが投資家よりも，自社の価値（タイプ）に関する情報を多く持つと考えられる．Allen and Faulhaber (1989)，Welch (1989)，Grinblatt and Hwang (1989) が展開したシグナリング・モデルでは，発行企業と外部投資家の間に情報の非対称性の存在を仮定する．そして，過小値付けというコストを自ら進んで負担することが，自社の価値の高さに関する信頼のおけるシグナルになり，外部投資家に企業のタイプが明らかになる分離均衡が存在することを示している．

これらのモデルでは，発行企業は IPO 時に加えて公開後の将来時点でも資金調達を行い，両方の資金調達額の和が最大になるように公開価格を決定すると仮定する．分離均衡では，価値の高い企業は過小値付けをすることで，その価値が明らかになり，将来時点で高い価格で株式を売却することができる．そのため，過小値付けというシグナルのコストを回収することができる．一方で，もし価値の低い企業が，均衡から逸脱して，過小値付けを行って価値の高い企業を騙っても，このコストは高いものとなる．そのため，価値の低い企業は過小値付けをしようとしない．その結果，過小値付けは外部投資家に自社の価値

を伝えるシグナルとして有効なものとなる．

しかし，このシグナリング仮説は，実証的に支持されているとは言い難い．たとえば，Michaely and Shaw (1994) は，逆選択仮説とシグナリング仮説の実証的インプリケーションを導いて，それらの現実妥当性を検証している．その結果，逆選択仮説と整合的な結果は得られるが，シグナリング仮説を支持する結果は得られないことを示している．

1.5.4　プリンシパル・エージェント・モデル

Baron (1982) が展開したプリンシパル・エージェント・モデルでは，引受業者が発行企業に比べて需要状況に関する情報を多く持つと想定する．また，発行企業は，引受業者の販売努力 (distribution effort) 水準を観察することができないと仮定する．ここで，発行企業は，引受業者が持つ需要情報を引き出すように，引受主幹事の報酬を決定する．Baron (1982) は，需要に関する情報の非対称性が存在しないときに実現可能なファースト・ベストの契約に比べて，セカンド・ベストの契約では公開価格が過小値付けされることを示している．

Baron (1982) のモデルは，発行企業と引受業者との間の情報の非対称性を前提としている．もし，この情報の非対称性が存在しなければ，過小値付けは生じないはずである．Muscarella and Vetsuypens (1989) は，この点に着目して，Baron (1982) のモデルの妥当性を検証している．Muscarella and Vetsuypens (1989) は，発行企業と引受業者が同一で Baron (1982) の意味での情報の非対称性が存在しない投資銀行自身の IPO を対象に，過小値付けが観察されるかを検証している．その結果，Baron (1982) のインプリケーションに反して，投資銀行自身の IPO の初期収益率は統計的に有意に 0 から異なっていること，また，その他の IPO の初期収益率と比較しても有意な差はないことを示している．

1.6 本書で扱う問題

本書は，本章を含めて5つの章で構成される．第2章から第4章で過小値付け現象とその周辺の問題を扱い，5章で長期パフォーマンスを扱う．各章の概要は以下のとおりである．

第2章

過小値付け現象を説明する仮説として，現在，最も支持されているものは，情報優位の投資家の存在を前提とするものである．代表的な仮説として，逆選択仮説や情報顕示仮説がある．

しかし，投資家間の保有情報の優劣を前提とする仮説に反する事実が示されている．先に述べたとおり，日本に導入されている入札方式では，情報優位と考えられる企業内部者が入札に参加できず，また，たとえ情報優位の投資家が参加できたとしても，IPO株の割当株数に厳しい制限があるため，投資家間の保有情報の優劣は重要となり得ない．それにもかかわらず，高い初期収益率が観察されている（金子, 2007; Kerins, Kutsuna and Smith, 2007）．

なぜ投資家間の情報の優劣が重要となり得ない状況でも，高い初期収益率が生じるのであろうか．この現象を解明するためには，情報優位の投資家の存在を前提とせずに，高い初期収益率が生み出されるメカニズムを示す必要があると考えられる．

そこで，第2章では，情報優位の投資家の存在を仮定せずに，IPO固有の特徴（公開前に株価を観察できないこと）に着目して，過小値付け現象を説明するモデルを提示する．そして，展開したモデルの現実妥当性を実証分析によって検証する．

IPOの場合，公開前の段階では，株価から得られる情報を利用して，将来の株価を予測することができない．一方，公開後には，株価から

得られる情報を利用して，将来の株価を予測することができる．したがって，公開前の段階では，株価からの情報が利用できないために，公開後に比して将来の株価の予測がより不正確となり，この意味で投資家にとってリスクが大きいと考えられる．この章では，このリスクに着目して，投資家の情報集合を明示的に考慮して 2 期間モデルを展開した Grundy and McNichols (1989) のモデルを IPO に応用する．具体的には，期間 1 を公開前に，期間 2 を公開後に対応させることで，投資家が利用可能な情報の公開前後における変化をとらえ，このリスクを記述する．

　モデルの基本的な考え方は以下のようになる．公開前の段階では，各投資家は自身の持つ情報のみに基づいて IPO 株に対する需要を形成する．そして，公開日に株価が観察可能になると，各投資家は株価から追加的に全投資家の集計情報を得て需要を再形成する．このような状況下では，公開前の段階において，株価を観察できないことに起因するリスクが投資家の公開前需要を押し下げる．これは，投資家がこの追加的なリスクを負担することに対してプレミアムを求めるためである．そして，公開日において，株価が観察可能になれば，このリスクが解消されるために，公開前後で投資家の需要に変化が起こる．これによって，公開前の需要に基づいて公開価格を需給均衡水準に設定したとしても，平均的に正の初期収益が生じることになる．この分析から，IPO における高い初期収益率は，公開前に株価を観察できないことに起因するリスクによってもたらされている可能性が示唆される．

　この章で展開するモデルでは，公開前の需要曲線が非弾力的であるほど期待初期収益が高くなることが示される．日本における入札方式の IPO では，公表される入札情報から公開前の需要曲線を推定することが可能である．そこで，この章では，入札情報を用いて推定された需要曲線から需要の価格弾力性を求め，この予測の現実妥当性の検証を行っている．その結果，モデルの予測通り，公開前の需要曲線が非

弾力的であるほど，初期収益率が高くなることが明らかになる．

また，このモデルのインプリケーションとして，たとえ情報優位の投資家が存在しなくても，ファンダメンタル価値の不確実性，すなわち，事前不確実性が大きくなると，期待初期収益が大きくなることが明らかになる．

第 3 章

入札方式とブックビルディング方式を比較すると，平均初期収益率は後者のほうがはるかに高いことは先に示したとおりである．この現象を第 2 章のモデルに基づいて解釈しようとすれば，ブックビルディング方式の IPO のほうが，入札方式の IPO と比べて，株価を観察できないことに起因するリスクが大きいために，高い初期収益率が生じているということになる．しかし，入札方式とブックビルディング方式の IPO の間で，株価を観察できないことに起因するリスクに違いがあるとは考えられない．なぜなら，両方式とも，公開前の段階では株価を観察できず，そこから得られる情報を用いて将来の株価を予測できないことに変わりはないからである．

では，なぜブックビルディング方式の初期収益率は高いのであろうか．この現象を説明するためには，ブックビルディング方式の特徴に着目する必要があろう．

ブックビルディング方式では，引受主幹事が公開価格の決定に大きく関与する．また，新規公開株の割当に関して，引受主幹事の裁量の余地が大きい．ブックビルディング方式の優位性を主張する Sherman (2000) や Sherman (2005) は，引受主幹事と公開企業の利害が一致していると仮定している．しかし，両者が別主体である以上，引受主幹事は自身の利益を最大にするように公開価格を決定していると考えるのが自然であろう．わが国の引受主幹事を務める証券会社は，引受業務のほかに，流通市場で売買業務を兼業している総合証券会社である．ま

た，この章で示すように，引受業務よりも売買業務からの収入の割合が大きい．したがって，ブックビルディング方式では，売買業務を主たる収入源とする証券会社が引受主幹事を務めた場合，売買業務の顧客である投資家の利益を図るべく，発行企業の利益を犠牲にして公開価格を意図的に低く設定する可能性がある (金子, 2002)．過小値付けは，割当を受けた投資家にとっては，高い収益が得られることを意味するが，公開企業にとっては，公開価格でなく初値で株式を売却していれば，より多くの資金を調達できたこと，すなわち，機会損失を意味する．

実際に，金子 (2002) では，ジャスダック市場における 1998 年 1 月から 2002 年 3 月までの IPO を対象とした分析の結果，証券会社による利益相反を示す証拠を得ている．しかしながら，近年では，証券会社の利益相反行動が観察されなくなる可能性がある．たとえば，1999 年 10 月の規制撤廃に伴う銀行系証券会社の参入により，IPO の引受市場が相対的に競争的になったと考えられる．もし，そうであるならば，引受主幹事は公開価格を意図的に低く設定することが難しくなっているかもしれない．

それでは，実際に近年においても前述したような証券会社の利益相反行動がみられるのであろうか．そして，ブックビルディング方式の高い初期収益率は，その結果として生じたものなのであろうか．この章では，1998 年度から 2008 年度までの全市場における IPO を対象に，証券会社の行動が変化する可能性も考慮して，証券会社による利益相反がみられるか検証を行っている．そして，2003 年度以前では，売買業務において利益供与を図るべき大口顧客を抱え，かつ引受市場で支配力を持つ大手証券会社 3 社が引受主幹事を務めた場合，初期収益率が有意に高くなるという結果を得ている．しかし，2004 年度以降では，このような利益相反の証拠はみられなくなる．

第 4 章

　第 3 章では，引受主幹事の売買業務の兼業が，発行企業の不利益となる可能性を指摘している．そして，時期は限定的であるが，実際に証券会社による利益相反を示す証拠を得ている．それにもかかわらず，依然として，売買業務を大規模に営む大手総合証券会社の IPO 引受市場におけるシェアは高い．なぜ，このような利益相反を行う可能性が高い総合証券会社が引受主幹事に選ばれるのであろうか．引受主幹事が売買業務を兼業することは，公開企業にとってメリットがあるのであろうか．売買業務は流通市場における業務である．そこで，第 4 章では，証券会社の売買業務シェアと流通市場における流動性の関係に着目する．

　投資家は流動性の低い資産を保有することに対して，プレミアムを求めると考えられる．そして，実際に株式に関して多くの文献で流動性プレミアムの存在が指摘されている（たとえば，Pastor and Stambaugh, 2003; Liu, 2006）．投資家が流動性の低い株式に対してプレミアムを要求するならば，投資家の要求収益率（少なくともこれ以上の収益率が得られなければ資本を提供しないという収益率）が上昇する．言い換えれば，企業にとって資本コストが高くなることを意味する．そのため，公開企業は，売買業務シェアの高い証券会社が公開後のサービスによって流動性を向上させ，資本コストを低下させることができるならば，たとえ利益相反の可能性をはらんでいるとしても，引受主幹事に選択する可能性がある．

　売買業務シェアの高い証券会社は，公開後の流通市場での流動性を上昇させることができると考えられる．たとえば，このような証券会社は，売買業務において多くの顧客（投資家）をつかんでいることが予想される．そして，このような証券会社にはセルサイド・アナリストも多く存在していると考えられる．そのため，彼らの提供するレポートなどにより，顧客に取引を促すことで，公開後の流動性を確保でき

る可能性がある.

　この章では，売買業務シェアが高い証券会社がIPOの引受主幹事を務めた場合，公開後の流動性が高いかどうか検証を行っている．そして，主幹事の売買業務シェアが高いほど，公開後の流動性が高いという結果を得ている．さらに，公開後の市場流動性の向上は，実際に資本コストを低下させているか検証している．そして，公開後の流動性の向上が資本コストの低下をもたらすことを示唆する結果を得ている．これらの結果から，引受主幹事の売買業務の兼業は，公開企業の資本コストの低下に寄与する可能性が示唆される．このため，公開企業が，利益相反を行う可能性の高い証券会社を引受主幹事に選択するのは，資本コストの低下というメリットの享受を目的としている可能性がある．

第5章

　第2章から第4章までは，過小値付けにかかわる諸問題を扱っている．第5章では，もう1つの未解明問題である公開後の長期アンダーパフォーマンス現象を扱う．

　Ritter (1991) の研究を契機として，今日，IPO企業の公開後の長期パフォーマンスの悪さは，定型化された事実として認識されている．しかし，近年の米国の研究では，規模や簿価時価比率の効果を考慮したベンチマークを採用すれば，必ずしもIPO企業の公開後の長期パフォーマンスは悪くないことを指摘する論文も存在する (Brav and Gompers, 1997; Gompers and Lerner, 2003)．このように，長期アンダーパフォーマンスの検証では，ベンチマークとして何を採用するかで得られる結果が異なる．そのため，そもそも公開後の長期パフォーマンスの悪さが観察されるのか，議論の余地が大きい．

　日本においても，公開後の長期パフォーマンスの悪さを指摘する研究が存在するが，それらは，ベンチマークに市場インデックスを採用している．一般に，規模が小さい銘柄や簿価時価比率が高い銘柄に対

して，プレミアムが支払われていることが指摘されている (Fama and French, 1992). もし，規模や簿価時価比率が，投資家がプレミアムを求める要因を反映しているならば，その効果をコントロールしなければ，公開後の長期パフォーマンスが本当に悪いのかどうかを判断することはできない．それでは，規模や簿価時価比率の効果を考慮したベンチマークであっても，依然として，長期パフォーマンスの悪さは観察されるのであろうか．

この章では，1997年9月以降に上場した IPO 企業を分析対象として，規模や簿価時価比率の効果を考慮しても，公開後の長期アンダーパフォーマンスが観察されるか否かを統計的に検証を行っている．また，わが国を対象とした先行研究と異なり，バイアスの少ない検定手法を採用していることもこの章の特徴である．

検証方法については詳しくは後述するが，ここでは，バイ・アンド・ホールド異常収益率を用いた検証とカレンダータイム・ポートフォリオ・アプローチによる検証の2つを採用している．分析の結果は以下のようになる．バイ・アンド・ホールド異常収益率を用いた検証では，規模や簿価時価比率の効果をコントロールしても，依然として，有意に IPO 企業の公開後のアンダーパフォーマンスが観察されることが示される．ただし，市場別に分析すると，マザーズやヘラクレスと異なり，東証やジャスダックではアンダーパフォーマンスが安定的に観察されないことが明らかになる．そして，このような結果が得られる一つの理由として，公開時の過大評価の程度が市場間で異なる可能性が示唆される．一方で，カレンダータイム・ポートフォリオ・アプローチによる検証では，反対に有意にオーバーパフォーマンスが観察される．ここでは，マザーズやヘラクレスでは有意な結果が得られない一方，東証やジャスダックでは有意にオーバーパフォーマンスが観察される．

以上のことから，IPO 企業の公開後の長期アンダーパフォーマンス

現象は市場によっては安定的に観察されないこと，また，採用する検証方法によって結果が異なることが明らかになる．そのため，わが国では，公開後の長期アンダーパフォーマンス現象が必ずしも安定的に観察されるわけではないと結論づけられる．

　バイ・アンド・ホールド異常収益率を用いた検証の結果からは，東証とジャスダックよりもマザーズやヘラクレスのほうが顕著にアンダーパフォーマンスが観察されるといえる．そのため，なぜ市場間で過大評価の程度に違いが生じるのかを明らかにすることが，今後の重要な課題である．

1.A 付録

表 1.10 価格決定方式間の対比較

パネル A：t 検定

	入札方式：第1期	入札方式：第2期	入札方式：第3期
入札方式：第2期	0.421		
入札方式：第3期	0.046**	0.899	
ブックビルディング方式	0.000***	0.000***	0.000***

パネル B：ウィルコクソンの順位和検定

	入札方式：第1期	入札方式：第2期	入札方式：第3期
入札方式：第2期	1.000		
入札方式：第3期	0.625	1.000	
ブックビルディング方式	0.000***	0.022**	0.000***

価格決定方式間の対比較を行った結果を示している．パネル A はウェルチの t 検定の結果，パネル B はウィルコクソンの順位和検定の結果である．いずれも Holm の方法で修正した p 値を示している．***，**，*はそれぞれ 1%，5%，10% 水準で統計的に有意であることを表す．

表 1.11　市場間の対比較：入札方式

パネル A：t 検定

	東証	ジャスダック
ジャスダック	0.970	
その他市場	0.970	0.338

パネル B：ウィルコクソンの順位和検定

	東証	ジャスダック
ジャスダック	0.985	
その他市場	1.000	1.000

入札方式の IPO について市場間の対比較を行った結果を示している．パネル A はウェルチの t 検定の結果，パネル B はウィルコクソンの順位和検定の結果である．いずれも Holm の方法で修正した p 値を示している．***，**，*はそれぞれ 1%，5%，10% 水準で統計的に有意であることを表す．

表 1.12　市場間の対比較：ブックビルディング方式

パネル A：t 検定

	ジャスダック	マザーズ	ヘラクレス	東証
マザーズ	0.000***			
ヘラクレス	0.000***	0.536		
東証	0.000***	0.000***	0.000***	
その他市場	0.459	0.000***	0.000***	0.048**

パネル B：ウィルコクソンの順位和検定

	ジャスダック	マザーズ	ヘラクレス	東証
マザーズ	0.000***			
ヘラクレス	0.000***	0.117		
東証	0.000***	0.000***	0.000***	
その他市場	0.007***	0.000***	0.000***	0.577

ブックビルディング方式の IPO について市場間の対比較を行った結果を示している．パネル A はウェルチの t 検定の結果，パネル B はウィルコクソンの順位和検定の結果である．いずれも Holm の方法で修正した p 値を示している．***，**，*はそれぞれ 1%，5%，10% 水準で統計的に有意であることを表す．

第 1 章　序論：IPO をめぐる観察事実と本書で扱う問題

表 1.13　規模クラス間の対比較

パネル A：t 検定

	assets1	assets2	assets3	assets4
assets2	0.009***			
assets3	0.000***	0.000***		
assets4	0.000***	0.000***	0.012**	
assets5	0.000***	0.000***	0.000***	0.001***

パネル B：ウィルコクソンの順位和検定

	assets1	assets2	assets3	assets4
assets2	0.002***			
assets3	0.000***	0.003***		
assets4	0.000***	0.000***	0.002***	
assets5	0.000***	0.000***	0.000***	0.005***

規模クラス間の対比較を行った結果を示している．パネル A はウェルチの t 検定の結果，パネル B はウィルコクソンの順位和検定の結果である．いずれも Holm の方法で修正した p 値を示している．***，**，*はそれぞれ 1％，5％，10％ 水準で統計的に有意であることを表す．

表 1.14　企業年齢クラス間の対比較

パネル A：t 検定

	age1	age2	age3	age4
age2	0.928			
age3	0.001***	0.001***		
age4	0.000***	0.000***	0.000***	
age5	0.000***	0.000***	0.000***	0.026**

パネル B：ウィルコクソンの順位和検定

	age1	age2	age3	age4
age2	0.905			
age3	0.012**	0.003***		
age4	0.000***	0.000***	0.001***	
age5	0.000***	0.000***	0.000***	0.283

企業年齢クラス間の対比較を行った結果を示している．パネル A はウェルチの t 検定の結果，パネル B はウィルコクソンの順位和検定の結果である．いずれも Holm の方法で修正した p 値を示している．***，**，*はそれぞれ 1％，5％，10％ 水準で統計的に有意であることを表す．

表 1.15 異常収益率の市場間の対比較

パネル A：t 検定
（対象：外れ値排除サンプル）

	ジャスダック	マザーズ	ヘラクレス
マザーズ	0.000***		
ヘラクレス	0.001***	0.953	
東証	0.000***	0.000***	0.000***

パネル B：ウィルコクソンの順位和検定
（対象：フルサンプル）

	ジャスダック	マザーズ	ヘラクレス
マザーズ	0.000***		
ヘラクレス	0.005***	0.356	
東証	0.000***	0.000***	0.000***

異常収益率の市場間の対比較を行った結果を示している．パネル A はウェルチの t 検定の結果，パネル B はウィルコクソンの順位和検定の結果である．t 検定は対象を外れ値排除サンプル，ウィルコクソンの順位和検定は対象をフルサンプルとしている．いずれも Holm の方法で修正した p 値を示している．***，**，*はそれぞれ 1%，5%，10% 水準で統計的に有意であることを表す．

第 2 章　IPO の株価観察不能性と正の初期収益率

2.1　はじめに

　新規株式公開 (IPO) において，公開初日の市場価格である初値が公開価格を平均的に大きく上回るという現象が世界中で観察されている．公開価格に対する初値の変化率のことを初期収益率と呼ぶが，この平均値が異常に高いのである[1]．長い間，IPO 研究者の間では，この現象と過小値付け (underpricing) は同義であるとみなされてきた．すなわち，引受業者あるいは公開企業が何らかの理由で意図的に公開価格を低く設定しているというのである．そして，この「なんらかの理由」を明らかにしようとする試みがいろいろとなされてきた．これらの試みを総称して過小値付け説と呼ぶ．その中でも，今日最も支持されているものは，ファンダメンタル価値に関する情報を持つ投資家（情報優位の投資家）とそれを持たない投資家（情報劣位の投資家）の存在を仮定する．そして，そのことが原因で生じる問題を回避するために，引受業者あるいは公開企業が意図的に公開価格を低く設定すると説明す

　本章は『金融経済研究』2013 年第 35 号に掲載された池田 (2013a)「IPO の株価観察不能性と正の初期収益率」を加筆・修正したうえで転載したものである．同論文の著作権は日本金融学会に帰属する．

　[1] 初期収益率 =（初値 − 公開価格）/公開価格．実務の世界では，初値というと公開初日の始値を指すが，欧米の IPO 研究者の間では公開初日の終値でとらえるのが一般的である．

る．代表的な仮説として，質の劣る新規公開株（レモン）をつかむことを恐れる情報劣位の投資家が安心して購入できるように，引受業者が意図的に公開価格を低く設定するという逆選択仮説 (Rock, 1986) や，情報優位の投資家から私的情報を引き出すために過小値付けを利用するという情報顕示仮説 (Benveniste and Spindt, 1989) がある[2]．

しかし，投資家間の情報の優劣を前提とした仮説に反する事実が示されている．金子 (2007) と Kerins, Kutsuna and Smith (2007) は，日本に 1989 年以降に導入された入札方式では，その制度上の特徴から，投資家の保有情報の優劣が重要となり得ないにもかかわらず，「過小値付け」現象（高い初期収益率）が観察されていることを指摘している[3]．入札方式では，情報優位者と考えられる公開企業の関係者が入札に参加できず，また，IPO 株の割り当ても受けられないため，そもそも情報優位の投資家が存在しないと考えられ，Rock (1986) のような逆選択問題は起こりにくい (金子, 2007)．また，たとえ情報優位の投資家が参加できたとしても，IPO 株の割当株数に厳しい制限があるために，情報優位の投資家に情報収集や情報顕示のインセンティブを持たせるだけの十分な見返りを与えるメカニズムとなり得ない（金子, 2007; Kerins, et al., 2007)．このことから，IPO における「過小値付け」現象を説明するためには，情報優位の投資家の存在を仮定しない理論が必要であると考えられる．

そこで，本章では，情報優位の投資家の存在を仮定せずに，従来の過小値付け説とは異なる視点から，期待初期収益率が正となることを理論的に示してみたい．その上で，展開した理論モデルの現実妥当性を実証分析によって検証する．

金子 (2010) が指摘するように，IPO と既公開企業の株式発行 (PO) との間の決定的な違いは，PO の場合，発行価格を決定する時点で当該

---

[2] 過小値付け説全般のサーベイについては Ljungqvist (2007) を参照されたい．
[3] 入札方式の制度については本書第 1 章を参照されたい．

企業の株価が観察可能であるのに対して，IPO の場合，株価が観察不可能であることである．公開前に株価を観察できないという事実から，公開後の高い初期収益率を説明する仮説として，金子 (2010) の不正確性プレミアム仮説がある．これは，次のような仮説である．まず，株価は投資家の平均的意見を反映して決まるという前提を置く．IPO の場合，この株価を観察できないため，投資家の平均的意見が不正確にしかわからない．そのため，個々の投資家は，その不正確さを受け入れることに対するプレミアムを要求するため，公開前の段階では，自分の意見より低い価格を提示する[4]．すべての投資家が自分の意見より低く価格を提示し，これを基に公開価格が決定される一方で，公開初日に投資家の平均的意見を反映する形で株価が決定されるため，結果的に高い初期収益率が実現する．

　本章でも，金子 (2010) と同様，公開前に株価を観察できないことに着目する．しかし，それとは異なり，公開前と公開後における投資家の利用可能な情報を明示的に扱う[5]．こうすることで，公開前に株価から情報を得られないことによる影響を直接考慮することが可能となる．IPO の場合，公開前の段階では，株価から得られる情報を利用して，将来の株価を予測することができない．一方，公開後には，株価から得られる情報を利用して，将来の株価を予測することができる．したがっ

---

[4]これに関連して，入札価格が自身の評価額よりも小さくなることを示した論文として，Leoni (2008) がある．Leoni (2008) は，CARA 型の効用関数を持つ投資家を想定し，ファーストプライス・私的価値オークションとして，IPO をモデル化している．このモデルによると，確実性等価に入札価格を提示することが最適戦略になり，入札価格は，各投資家の私的な評価額よりも常に小さくなる．この過小ビットの程度は，企業価値の評価が第一種確率優位の意味でのノイズが大きいほど，高評価の投資家に直面する可能性が低くなるために大きくなる．

[5]金子 (2010) では，情報集合を記述せずに投資家の意見がばらつくことを仮定している．そのため，各投資家で情報が同じであっても意見が異なる可能性を許容している．一方，本章のモデルでは，各投資家が異なるファンダメンタル価値に関する情報を得る．そして，この私的情報に基づいてファンダメンタル価値を予想するため，投資家間で意見がばらつくことになる．しかしながら，各投資家が得るファンダメンタル価値に関する情報を金子 (2010) でいう意見そのものであると解釈することも可能である．

て，公開前の段階では，株価からの情報が利用できないために，公開後に比して将来の株価の予測がより不正確となり，この意味で投資家にとってリスクが大きいと考えられる．本章では，このリスクに着目して，投資家の情報集合を明示的に考慮して2期間モデルを展開したGrundy and McNichols (1989) を IPO に応用する[6]．具体的には，期間1を公開前に，期間2を公開後に対応させることで，投資家が利用可能な情報の公開前後における変化をとらえ，このリスクを記述する．

　モデルの基本的な考え方は以下のようになる．公開前の段階では，各投資家は自身の持つ情報のみに基づいてIPO株に対する需要を形成する．そして，公開日に株価が観察可能になると，各投資家は株価から追加的に全投資家の集計情報を得て需要を再形成する．このような状況下では，公開前の段階において，株価を観察できないことに起因するリスクが投資家の公開前需要を押し下げる．これは，投資家がこの追加的なリスクを負担することに対してプレミアムを求めるためである．そして，公開日において，株価が観察可能になれば，このリスクが解消されるために，公開前後で投資家の需要に変化が起こる．これによって，公開前の需要に基づいて公開価格を需給均衡水準に設定したとしても，平均的に正の初期収益が生じることになる．この平均的な正の初期収益は，効率的市場仮説と相反するものではなく，均衡において，投資家が上述したリスクを負担することに対する正当なプレミアムとして生じるものである．すなわち，均衡における期待初期収益は，投資家の要求するプレミアムと一致するところで決まるために正となるのである．

---

[6]Grundy and McNichols (1989) は，ノイズを含んだ合理的期待均衡モデルの枠組みを用いて，取引量と投資家の情報の関係を分析している．この論文では，たとえファンダメンタル価値に関する新たな情報が出現しなくても，2期間目に取引が発生する均衡が存在することを示している．そこでは，1期間目の価格だけでは完全に明らかにならなかった既存の情報が，2期間目の価格を追加的に得ることで明らかになり，その結果，取引と価格の変動が発生する．

第 2 章　IPO の株価観察不能性と正の初期収益率

本章で展開するモデルでは，公開前の需要曲線が非弾力的であるほど期待初期収益が高くなることが示される．日本における入札方式の IPO では，公表される入札情報から公開前の需要曲線を推定することが可能である．そこで，推定した需要曲線の需要の価格弾力性を用いて，この予測の現実妥当性を検証したところ，モデルと整合的な結果が得られた．

本章の残りの構成は以下のとおりである．2.2 節で Grundy and McNichols (1989) のモデルを IPO に応用することで公開後の高い初期収益率を説明する．2.3 節で，2.2 節で展開したモデルの現実妥当性を検証する．2.4 節で結論を述べる．

2.2　モデル

IPO の場合，公開前に株価を観察することができない．本節では，株価を観察できないことに起因するリスクに着目して，Grundy and McNichols (1989) のモデルを IPO に応用する．

Grundy and McNichols (1989) では，時点 0，時点 1，時点 2 の 3 時点を持つ 2 期間モデルを想定し，時点 0，時点 1 の両方において，株価が観察可能でそこから情報を得られる状況を想定している．これに対して，IPO では公開前に公開企業の株価を観察することができない．そこで，期間 1 を公開前，期間 2 を公開後とする 2 期間モデルを考え，Grundy and McNichols (1989) のモデルに，時点 0 において株価から情報を得ることができないという仮定を置くことで，平均的にみて正の初期収益が生じることを示す．

2.2.1 モデルの設定

資産と投資家

時点 0，時点 1，時点 2 の 3 時点を持つ 2 期間モデルを考える．このモデルでは，時点 1 が公開日である．資産は，安全資産と IPO 株の 2 種類が存在すると仮定する．時点 0，時点 1，時点 2 の IPO 株の価格をそれぞれ P_0，P_1，F とする．P_0 は公開価格，P_1 は公開日の市場価格（初値）である．F は IPO 株のファンダメンタル価値である．ここで，時点 2 の IPO 株の価格が F となるのは，時点 2 においてファンダメンタル価値が明らかになると仮定しているためである．簡単化のため，2 期間ともに安全資産の価格は 1 とする．

この経済には，投資家が $[0,1]$ 上に連続的に存在すると仮定する．投資家のインデックスを i で表すと，$i \in [0,1]$ である．また，企業と引受主幹事の存在も仮定する．ただし，これらの主体はモデルにおいて積極的な役割を持たない．ここで，企業については，次のように想定する．この企業は，時点 0 において，事業計画を公表し，時点 1 において，必要資金を調達して企業を設立すると仮定する．すなわち，時点 1 が公開日でもあり設立日でもある企業を想定する．したがって，発行される株式は公募のみであり，売出は存在しない．

詳しくは後述するが，各時点におけるイベントを簡単に記述しておく．時点 0 では，各投資家は公開前の段階での IPO 株に対する需要を形成し，需要表を提出する．そして，その集計需要に基づいて公開価格 P_0 が決定される．時点 1 では，各投資家は公開日に成立する株価を観察して需要を再形成する．ここでも，その集計需要に基づいて公開日の市場価格 P_1 が決定される．この P_1 にはファンダメンタル価値に関する情報が反映される．最後に，時点 2 で，ファンダメンタル価値 F が実現し，投資家は消費を行う[7]．

---

[7] 2 期間モデルであるため，企業は時点 2 において清算される．そのときの株価は F である．

各投資家の取得する情報

投資家 i は，時点 0 において，

$$Y_i = F + w + e_i \tag{2.1}$$

というファンダメンタル価値 F に関する情報を取得すると仮定する．この情報 Y_i は，企業が提出する事業計画をみて各投資家が抱く，ファンダメンタル価値に関する意見と解釈することができる．ここで，F, w, e_i は確率変数であり，w は全投資家で共通のエラー，e_i は各投資家固有のエラーである．共通のエラーの存在は，投資家の情報を集計しても F は明らかにならないことを意味する[8]．

F, w, $\{e_i\}_{i \in [0,1]}$ は独立で多変量正規分布に従うと仮定する．$F \sim N(\mu_F, \sigma_F^2)$, $w \sim N(0, \sigma_w^2)$ とする．e_i は投資家間で独立かつ同一の分布に従い，$e_i \sim N(0, \sigma_e^2), \forall i \in [0,1]$ とする．

Rock (1986) や Benveniste and Spindt (1989) のモデルでは，ファンダメンタル価値に関する情報を持つ投資家（情報優位の投資家）とそれを持たない投資家（情報劣位の投資家）の存在を仮定している．一方，このモデルでは，各投資家が異なる情報を持つという意味で情報は非対称的だが，投資家間で情報に優劣があるわけではない．全投資家が，ファンダメンタル価値に関して，平均的にみて正しい情報を等しく持っている状況を想定している．

投資家の効用関数と最大化問題

各投資家は時点 2 に c_i を消費し，その消費について定義される CARA 型の効用関数（負の指数型効用関数）を持つと仮定する．投資家の絶

---

[8]仮に w がなければ，時点 1 で集計情報が明らかになることは F が明らかになることを意味し，時点 1 で将来の不確実性が存在しなくなってしまう．このときの投資家の需要は，$P_1 < F$ のとき $x_{i1}^* = \infty$, $P_1 > F$ のとき $x_{i1}^* = -\infty$ であり，完全に弾力的となる．そのため，$P_1 < F$ と $P_1 > F$ は均衡とはなり得ず，$P_1 = F$ となる．しかし，この場合は，需要の集計によって集計される情報と市場清算条件から決定される価格との関係が不明瞭になってしまう．

対的リスク回避度は共通とし，a で表す．

投資家の直面する最大化問題を後ろ向きに定式化する．時点 1 に投資家の直面する最大化問題は以下のようになる．

$$\max_{\{x_{i1}\}} E\left[-\exp[-ac_i]|\Phi_{i1}\right] \quad (2.2a)$$

$s.t.$

$$c_i = (F - P_1)x_{i1} + (P_1 - P_0)x_{i0} + W_{i0} \quad (2.2b)$$

ここで，x_{i0}, x_{i1} はそれぞれ時点 0，時点 1 の投資家 i の IPO 株の需要，W_{i0} は投資家 i の時点 0 での富，P_0, P_1 はそれぞれ IPO 株の公開価格，公開日の市場価格，Φ_{i1} は時点 1 に投資家 i が利用可能な情報の集合である．予算制約式を目的関数に代入し，価値関数 $V_{i1}(x_{i0})$ を以下のように定義する．

$$V_{i1}(x_{i0}) \equiv \max_{\{x_{i1}\}} E\left[-\exp[-a\{(F-P_1)x_{i1} + (P_1-P_0)x_{i0} + W_{i0}\}]|\Phi_{i1}\right]$$
$$(2.3)$$

すると，時点 0 に投資家の直面する最大化問題は以下のようになる．

$$\max_{\{x_{i0}\}} E\left[V_{i1}(x_{i0})|\Phi_{i0}\right] \quad (2.4)$$

ここで，Φ_{i0} は時点 0 に投資家 i が利用可能な情報の集合である．なお，この定式化からわかるように，ここでは空売りに制約がないと仮定している．情報集合 Φ_{i0}, Φ_{i1} の具体的な内容については後述する．

市場清算条件

時点 0 と時点 1 の市場需要関数 $D_t (t=0,1)$ は，

$$D_t = \int_{[0,1]} x_{it}^* di \quad (t=0,1) \quad (2.5)$$

である．ここで，x_{it}^* は投資家 i の（(2.2) 式と (2.4) 式をそれぞれ満たすという意味で）最適な需要である．公開後の株式総数は 1 に基準化する．

本章の目的は，公開価格が投資家の公開前需要に基づいて需給均衡水準に設定されたとしても，公開日に正の初期収益率が生じることを示すことである．そのため，次の仮定を置く．

仮定 1. 投資家は公開前に需要表を提出する．そして，その需要表を集計した市場需要関数に基づいて，公開価格は機械的に需給均衡水準に決定される．

IPO において，この公開前の需要表の提出は，公開価格を決定するために行われる入札やブックビルディングによる需要申告に対応している．

したがって，公開前（時点 0）と公開日（時点 1）ともに市場清算条件は，

$$1 = \int_{[0,1]} x_{it}^* di \tag{2.6}$$

である．

価格に関する予測と投資家の情報集合

各投資家は，公開日の市場価格 P_1 が投資家の集計情報 $\bar{Y}$ の線形関数と予測していると仮定する．すなわち，各投資家は，

$$P_1 = \beta_0 + \beta_1 \bar{Y} \tag{2.7}$$

という予測を持つ．ここで，$\bar{Y} \equiv \int_{[0,1]} Y_i di = F + w$ である．

公開価格 P_0 は，各投資家の需要表を集計した市場需要関数に基づいて，需給均衡水準に決定される（仮定 1）．この需給均衡価格は，需要表を提出した直後に機械的に決定され，公開価格 P_0 が時点 0 の投資家

の需要表の決定に影響することはない．すなわち，需要表を提出する段階（時点 0）では，各投資家の情報集合は，Y_i のみで P_0 は含まれないと考えるのが自然である．このため，次の仮定を置く．

仮定 2. 公開前の段階（時点 0）では，各投資家は自分が受け取った情報 Y_i のみに基づいて需要を形成する．言い換えれば，$\Phi_{i0} = \{Y_i\}$ である．

一方，公開日（時点 1）には，株価 P_1 を観察することができる．これによって，投資家は価格から情報を得ることができる．また，公開日には，結果的に公開価格 P_0 を観察することができる．したがって，時点 1 における各投資家の情報集合は $\Phi_{i1} = \{Y_i, P_0, P_1\}$ である．ただし，時点 1 に株価 P_1 を観察することで得られる集計情報 $\bar{Y}$ は十分統計量であるため，公開価格 P_0 は必ず条件付き期待値の意味で余分 (redundant) な情報となる[9]．そのため，公開価格 P_0 は，投資家の需要にフィードバックされることはない[10]．

時点 1 では，市場価格 P_1 の観察と需要の再形成，および，市場価格 P_1 の決定が同時に起こっている．現実の IPO でも，公開初日の流通市場の価格形成過程とその結果として形成された価格から得られる情報は，他の投資家の情報を集計したものであると考えられる．そして，それを観察した投資家が再び需要を形成し，その需要が価格形成過程に反映されるならば，この想定は，現実を近似するものと考えられる．

これらをまとめると，モデルのタイムラインは図 2.1 のようになる．

以上の設定の下，次項では，均衡価格，および期待初期収益の特徴を記述する．

---

[9]すなわち，$E[F|Y_i, P_0, P_1] = E[F|Y_i, P_1]$ である．

[10]現実には，公開価格で IPO 株の割当を受けるかどうかの投資家の意思決定にとって，公開価格情報は余分 (redundant) な情報ではないと考えられる．しかし，このモデルでは，投資家が需要表の提出後に次に需要を再形成するのは公開日においてであり，この意思決定を捨象している．

第2章 IPOの株価観察不能性と正の初期収益率

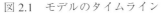

図 2.1 モデルのタイムライン

公開価格 P_0 は公開前の市場需要関数に基づいて需給均衡水準に決定されると仮定する．また，時点 1 において P_0 は条件付き期待値の意味で余分 (redundant) な情報となる．

2.2.2 均衡価格と期待初期収益

前項の設定の下，均衡における公開価格 P_0，公開日の市場価格 P_1，期待初期収益 $E[P_1 - P_0]$ に関して次の定理が成立する．

定理． (2.7) 式を満たす均衡価格 P_1 が存在する．均衡での公開価格 P_0 と市場価格 P_1 はそれぞれ，

$$P_0 = \frac{\sigma_F^2}{\sigma_F^2 + \sigma_w^2} \left(\frac{\sigma_e^2}{\sigma_F^2 + \sigma_w^2 + \sigma_e^2} \mu_F + \frac{\sigma_F^2 + \sigma_w^2}{\sigma_F^2 + \sigma_w^2 + \sigma_e^2} \bar{Y} \right) + \frac{\sigma_w^2}{\sigma_F^2 + \sigma_w^2} \mu_F$$
$$- a \frac{\sigma_F^2 \sigma_w^2}{\sigma_F^2 + \sigma_w^2} - a \left(\frac{\sigma_F^2}{\sigma_F^2 + \sigma_w^2} \right)^2 \frac{(\sigma_F^2 + \sigma_w^2)\sigma_e^2}{\sigma_F^2 + \sigma_w^2 + \sigma_e^2} \tag{2.8}$$

$$P_1 = \frac{\sigma_w^2}{\sigma_F^2 + \sigma_w^2} \mu_F - a \frac{\sigma_F^2 \sigma_w^2}{\sigma_F^2 + \sigma_w^2} + \frac{\sigma_F^2}{\sigma_F^2 + \sigma_w^2} \bar{Y} \tag{2.9}$$

である．このとき，期待初期収益 $E[P_1 - P_0]$ は次で与えられる．

$$E[P_1 - P_0] = a \left(\frac{\sigma_F^2}{\sigma_F^2 + \sigma_w^2} \right)^2 \frac{(\sigma_F^2 + \sigma_w^2)\sigma_e^2}{\sigma_F^2 + \sigma_w^2 + \sigma_e^2} > 0 \tag{2.10}$$

すなわち，期待初期収益は正である．

Proof. 補論 2.A を参照． □

すなわち，公開価格を公開前の需要 D_0 に基づいて需給均衡水準に設定したとしても，平均的にみて正の初期収益が観察されることになる．このモデルでは，投資家間で情報はばらついているが，Rock (1986) のように情報優位の投資家の存在を仮定しているわけではない．よって，投資家の保有情報に優劣が存在しなくても正の初期収益が生じていることになる．

この正の期待初期収益は，効率的市場仮説に相反するものではない．むしろ，情報効率的な市場を前提としたうえで，均衡において，株価を観察できないことに起因するリスクに対する正当な報酬として生じるものである．投資家は株価を観察できないことに起因するリスクに対してプレミアムを要求する．そして，均衡における期待初期収益は，このプレミアムと一致するところで決まるために正となるのである．

期待初期収益は，リスク回避度 a，F の予測に対する $\bar{Y}$ の情報量の程度，および $\bar{Y}$ に対する Y_i の予測誤差の積で構成されている．期待初期収益は，リスク回避度 a が増加するほど，F の予測に対する $\bar{Y}$ の情報量が増加するほど，また，$\bar{Y}$ に対する Y_i の予測誤差が大きくなるほど増加する．後者の 2 つの効果は，価格から情報が得られないことに起因するリスクが大きいほど，期待初期収益が高くなることを意味する．

また，D_0-P_0 平面上での公開前の需要曲線は，

$$P_0 = \frac{\sigma_F^2}{\sigma_F^2 + \sigma_w^2} \left(\frac{\sigma_e^2}{\sigma_F^2 + \sigma_w^2 + \sigma_e^2} \mu_F + \frac{\sigma_F^2 + \sigma_w^2}{\sigma_F^2 + \sigma_w^2 + \sigma_e^2} \bar{Y} \right) + \frac{\sigma_w^2}{\sigma_F^2 + \sigma_w^2} \mu_F$$

$$- a \frac{\sigma_F^2 \sigma_w^2}{\sigma_F^2 + \sigma_w^2} - a \left(\frac{\sigma_F^2}{\sigma_F^2 + \sigma_w^2} \right)^2 \frac{(\sigma_F^2 + \sigma_w^2)\sigma_e^2}{\sigma_F^2 + \sigma_w^2 + \sigma_e^2} D_0 \qquad (2.11)$$

で与えられる．この式から，期待初期収益は，D_0-P_0 平面上での公開前の需要曲線の傾きの絶対値そのものであることがわかる．すなわち，

公開前の需要曲線の傾きが急なほど，言い換えれば，需要曲線が非弾力的なほど，大きな初期収益が生じることがわかる．これをモデルの予測として独立に記しておこう．

予測． 公開前の需要曲線が非弾力的なほど初期収益が高くなる．

実証分析では，この予測の現実妥当性を検証する．

2.2.3 数値例

期待初期収益 $E[P_1 - P_0]$ を数値例によって示しておこう．パラメーターは，$\mu_F = 1000$，$\sigma_F = 250$，$\sigma_w = 50$，$\sigma_e = 150$，$a = 0.005$ とする．このとき，$E[P_0] = 910.71$，$E[P_1] = 987.98$，期待初期収益 $E[P_1 - P_0]$ は 77.27 である．また，$E[P_1]/E[P_0] - 1 = 0.085$ である．

図 2.2 は，需要曲線の変化を視覚的に表したものである．このことから，公開前後の投資家の需要の変化が，正の初期収益率をもたらしていることがわかる．この需要の変化は，公開日に集計情報 $\bar{Y}$ を得ることによってファンダメンタル価値 F の予想がより正確になり，投資家の直面するリスクが小さくなることで生じる．

2.2.4 比較静学

本項では，σ_F^2, σ_w^2, σ_e^2, a の変化が，期待初期収益 $E[P_1 - P_0]$ に与える影響を分析する．

σ_F^2 の変化が期待初期収益に与える影響は次のようになる．

$$\frac{\partial E[P_1 - P_0]}{\partial \sigma_F^2} = a \frac{2\sigma_F^2 \sigma_w^2 \sigma_e^2 (\sigma_F^2 + \sigma_w^2 + \sigma_e^2) + \sigma_F^4 \sigma_w^4}{(\sigma_F^2 + \sigma_w^2)^2 (\sigma_F^2 + \sigma_w^2 + \sigma_e^2)^2} > 0 \quad (2.12)$$

σ_F^2 はファンダメンタル価値の不確実性を表していると解釈できる．ファンダメンタル価値の不確実性が増加すると，$\bar{Y}$ が持つ情報の価値が大きくなる一方で，自分の情報 Y_i から $\bar{Y}$ を予測することが難しくなる．

図 2.2 公開前後の需要曲線の変化

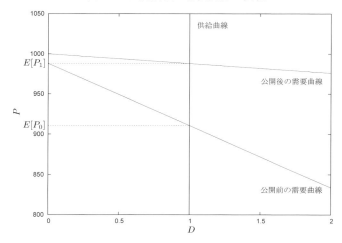

公開前の需要曲線は $E[D_0(P_0)]$, 公開後の需要曲線は $E[D_1(P_1)]$ である. パラメーターは $\mu_F = 1000$, $\sigma_F = 250$, $\sigma_w = 50$, $\sigma_e = 150$, $a = 0.005$ としている. このとき, $E[P_0] = 910.71$, $E[P_1] = 987.98$. 期待初期収益は $E[P_1 - P_0] = 77.27$ である. また, $E[P_1]/E[P_0] - 1 = 0.085$ である.

したがって，価格から情報が得られないことに起因するリスクは大きくなるため，投資家の要求するプレミアムは大きくなる．

σ_w^2 の変化が期待初期収益に与える影響は次のようになる．

$$\frac{\partial E[P_1 - P_0]}{\partial \sigma_w^2} = -a \frac{\sigma_F^4 \sigma_e^2 (2(\sigma_F^2 + \sigma_w^2) + \sigma_e^2))}{(\sigma_F^2 + \sigma_w^2)^2 (\sigma_F^2 + \sigma_w^2 + \sigma_e^2)^2} < 0 \quad (2.13)$$

全投資家共通のノイズの分散 σ_w^2 が大きくなると，σ_F^2 と同様，自分の情報 Y_i から $\bar{Y}$ を予測することが難しくなる．この効果自体は，プレミアムを大きくする方向へ働く．しかし，この効果と同時に，$\bar{Y}$ が持つ情報の価値そのものが小さくなる．したがって，たとえ $\bar{Y}$ を予測することが難しくなったとしても，$\bar{Y}$ が持つ情報の価値そのものが小さくなるために，総じていえば，価格から情報が得られないことに起因するリスクは小さくなる．その結果，全投資家共通のノイズの分散が大

きくなると，投資家の要求するプレミアムは小さくなる．
σ_e^2 の変化が期待初期収益に与える影響は次のようになる．

$$\frac{\partial E[P_1-P_0]}{\partial \sigma_e^2}=a\left(\frac{\sigma_F^2}{\sigma_F^2+\sigma_w^2+\sigma_e^2}\right)^2>0 \tag{2.14}$$

各投資家固有のノイズの分散 σ_e^2 が大きくなると，Y_i で $\bar{Y}$ を予測することが難しくなる．しかし，$\bar{Y}$ の情報の価値には影響を与えない．そのため，価格から情報が得られないことに起因するリスクは大きくなる．したがって，各投資家固有のノイズの分散が大きくなるとプレミアムは大きくなる．

また，リスク回避度 a が大きいと，期待初期収益は高くなる．リスク回避度が高いほど投資家の要求するプレミアムが高くなることは，標準的な結果といえよう．

2.2.5 PO との比較

モデルの特徴をより明らかにするため，既公開企業による株式発行 (PO) の場合を考えてみよう．

PO では，各投資家は，時点 0 での株価を観察することができ，そこから情報を得ることができる．先ほどと同様に，各投資家は，時点 0 の株価と時点 1 の株価が投資家の集計情報 $\bar{Y}$ の線形関数になると予測していると仮定する．すなわち，各投資家は，

$$P_0=\alpha_0+\alpha_1\bar{Y} \tag{2.15}$$
$$P_1=\beta_0+\beta_1\bar{Y} \tag{2.16}$$

という予測を持つと仮定する．

PO の場合，時点 0 での株価を観察できるので，時点 0 における各投資家の情報集合は $\Phi_{i0}=\{Y_i,P_0\}$ である．また，時点 1 でも追加的に株価を観察するため，時点 1 における各投資家の情報集合は $\Phi_{i1}=\{Y_i,P_0,P_1\}$

である.

ここで，各投資家は時点 0 の株価を観察すれば，集計情報 $\bar{Y}$ を得ることができる．すなわち，PO の場合，時点 1 の株価を観察しなくても，時点 0 で既に $\bar{Y}$ を得ることができるため，結局，各投資家の情報集合は $\Phi_{i0} = \Phi_{i1}$ となる[11]．

以上の設定の下，時点 0 に投資家が直面する最適化問題を考えよう．$E[P_1|Y_i, P_0] = P_1$ となることに留意すると，

$$\max_{\{x_{i0}\}} E[V_{i1}(x_{i0})|Y_i, P_0]$$
$$= -\exp\left[-a(P_1 - P_0)x_{i0} - \frac{1}{2}\frac{(E[F|\bar{Y}] - P_1)^2}{Var[F|\bar{Y}]} - aW_{i0}\right] \quad (2.17)$$

である．目的関数を x_{i0} について微分すると，

$$\frac{\partial E[V_{i1}(x_{i0})|Y_i, P_0]}{\partial x_{i0}}$$
$$= a(P_1 - P_0)\exp\left[-a(P_1 - P_0)x_{i0} - \frac{1}{2}\frac{(E[F|\bar{Y}] - P_1)^2}{Var[F|\bar{Y}]} - aW_{i0}\right] \quad (2.18)$$

である．よって，$P_0 < P_1$ のとき，$x_{i0}^* = \infty$，$P_0 > P_1$ のとき，$x_{i0}^* = -\infty$ となるが，これは，均衡とはなり得ない．したがって，$P_0 = P_1$ ($\alpha_0 = \beta_0$, $\alpha_1 = \beta_1$) となるので，（期待）収益は 0 となる．すなわち，価格から情報を得られないことに起因するリスクがないために，プレミアムは発生しない．

---

[11] Grundy and McNichols (1989) でも，時点 0 と時点 1 の両方で価格が観察できる状況を想定している．Grundy and McNichols (1989) と本節の PO モデルとの違いとして，供給のノイズの有無が挙げられる．Grundy and McNichols (1989) では，時点 0 と時点 1 の両方で供給のノイズが存在し，このノイズの影響で，時点 1 の価格 P_0 が得られたとしても，集計情報が完全には明らかにならない．なお，本章でもノイズが存在する状況での IPO モデルを補論 2.B で扱っている．

2.2.6 モデルの検討

ここで提示したモデルでは，投資家は公開日に市場価格を観察することで，集計情報を得ることができる．このような状況下では，いわゆる Grossman-paradox に直面することになる．すなわち，投資家が市場価格を観察することで，集計情報 $\bar{Y}$ が得られるならば，自身の情報 Y_i に基づいて取引を行わなくなる．すると，今度は均衡価格に情報が反映されなくなってしまい，均衡価格を観察しても集計情報を知ることができなくなる．

この Grossman-paradox を回避するために，補論 2.B では，集計需要にノイズを加えたモデルを展開している．こうすることで，均衡価格にノイズが含まれるようになり，たとえ価格を観察したとしても，投資家は集計情報を完全に知ることができなくなる．そのため，各投資家は公開後においても，自身の情報に基づいて取引を行うようになる．補論 2.B で示したとおり，この拡張モデルであっても，得られる結論に本質的な違いはない．

2.3 実証分析：モデルの検証

本節では，公開前の需要曲線が非弾力的なほど初期収益率が高くなるというモデルの予測の現実妥当性を検証する．具体的には，日本における入札方式の IPO で公表される入札情報を用いて，公開前の需要曲線，および需要の価格弾力性を推定する方法を提示する．そして，被説明変数を初期収益率，説明変数を需要の価格弾力性とする回帰分析

を行う[12].

なお，入札方式のデータを使用するのは，公表される入札結果から公開前の需要曲線を推定できるためである．公開前の株価の観察不能性に着目した本章のモデルは，入札方式のIPOのみにあてはまるというわけではなく，IPO全般にあてはまるものであることに留意されたい．

2.3.1 需要の価格弾力性の推定方法

第1章ですでに述べたように，わが国の入札方式では，新規公開株を入札にかける部分（入札株）と入札にかけない部分（非入札株）に分割する．入札株については，価格競争方式の入札が行われる．ここで，一投資家が入札できる株数は，5000株以下に設定された1単位（大半が1000株）に制限されている．そのため，入札には株数は記さずに価格のみを記すことになる．非入札株については，引受主幹事が入札結果を参考にして決定した公開価格が適用され，投資家に割り当てられる．一投資家に割り当てることのできる株数は，入札株と同様，1単位に制限されている．

入札に関する情報は，入札が行われる前に，(1) これ以下の価格では入札できないという下限価格（入札下限価格 P_F），(2) 入札にかけられる株数が公表される．そして，実際に入札が行われ，その結果から，(3) 落札した投資家のビッドを入札株数で加重平均した価格（落札加重平均価格 P_{WASB}），(4) 入札に参加した投資家のビッドを入札株数で加重平均した価格（入札加重平均価格 P_{WAB}），(5) 落札した投資家のビッドのうち最低の価格（落札最低価格 P_L），(6) 落札した投資家のビッドのうち最高の価格（落札最高価格），(7) 総入札株数が公表される．

---

[12]本節は，金子 (2006, 2010)，池田 (2008) に依拠している．入札結果から個別需要曲線を推計し，需要の価格価格弾力性を求めるというアイデアを初めて示したのは金子 (2006) である．ただし，金子 (2006) とそれに続く金子 (2010) は，彼の主張する不正確性プレミアム仮説の検証にそれを使っており，本章とは目的が異なる．また，池田 (2008) も異なる理論モデルの検証にそれを使用している．

第 2 章　IPO の株価観察不能性と正の初期収益率　　55

　本節では，投資家のビッドが正規分布，または対数正規分布に従っていると仮定して，これらの入札情報を用いて，公開前の需要曲線を推計する[13,14]．そして，得られた公開前の需要曲線から需要の価格弾力性を推定する．

ビッドの分布として正規分布を想定した場合

　投資家のビッド b が平均 μ，分散 σ^2 の正規分布に従っていると仮定する．次の 2 つのモーメント条件を考える．

$$E[b|b>P_L] = \mu + \sigma \frac{\phi\left(\frac{P_L-\mu}{\sigma}\right)}{1-\Phi\left(\frac{P_L-\mu}{\sigma}\right)} \tag{2.19}$$

$$E[b|b>P_F] = \mu + \sigma \frac{\phi\left(\frac{P_F-\mu}{\sigma}\right)}{1-\Phi\left(\frac{P_F-\mu}{\sigma}\right)} \tag{2.20}$$

ここで，$\phi(\cdot)$ は標準正規分布の密度関数，$\Phi(\cdot)$ は標準正規分布の分布関数である．落札加重平均価格 P_{WASB} と入札加重平均価格 P_{WAB} は，それぞれ $E[b|b>P_L]$ と $E[b|b>P_F]$ の標本対応である．モーメント条件を標本対応で置き換えて，

$$P_{WASB} = \mu + \sigma \frac{\phi\left(\frac{P_L-\mu}{\sigma}\right)}{1-\Phi\left(\frac{P_L-\mu}{\sigma}\right)} \tag{2.21}$$

$$P_{WAB} = \mu + \sigma \frac{\phi\left(\frac{P_F-\mu}{\sigma}\right)}{1-\Phi\left(\frac{P_F-\mu}{\sigma}\right)} \tag{2.22}$$

---

[13]金子 (2006) はビッドの分布を 2 次関数と仮定して，池田 (2008) と金子 (2010) は，本章と同様，正規分布と仮定して需要曲線を推定している．ただし，本章では，これらの推計手法とは異なり，池田 (2012) の手法を採用している．

[14]推計されたビッドの分布の分布関数が，需要全体を 1 に基準化した需要曲線を表すことになる．

を得る．そして，(2.21)式と(2.22)式を同時に満たす μ と σ を推定値とする（以下，求められた推定値を $\hat{\mu}, \hat{\sigma}$ とする）．

推定された正規分布を利用して，$\hat{\mu}$ における需要の価格弾力性を求める．ビッドの分布（密度関数）を $f(\cdot; \hat{\mu}, \hat{\sigma})$ とすると，需要の価格弾力性は $2 \cdot \hat{\mu} \cdot f(\hat{\mu}; \hat{\mu}, \hat{\sigma})$ で与えられる．これを NORM_PED とする．

ビッドの分布として対数正規分布を想定した場合

投資家のビッドが対数正規分布に従っていると仮定する．対数変換後のビッドは平均 m，分散 s^2 の正規分布に従っているとする．正規分布を想定した場合と同様に，モーメント条件から，

$$P_{WASB} = \exp(m + \frac{1}{2}s^2) \cdot \frac{1 - \Phi\left(\frac{\log P_L - m - s^2}{s}\right)}{1 - \Phi\left(\frac{\log P_L - m}{s}\right)} \tag{2.23}$$

$$P_{WAB} = \exp(m + \frac{1}{2}s^2) \cdot \frac{1 - \Phi\left(\frac{\log P_F - m - s^2}{s}\right)}{1 - \Phi\left(\frac{\log P_F - m}{s}\right)} \tag{2.24}$$

を得る．そして，(2.23)式と(2.24)式を同時に満たす m と s を推定値とする（以下，求められた推定値を $\hat{m}, \hat{s}$ とする）．

推定された対数正規分布を利用して，分布の中央値である $\exp\{\hat{m}\}$ における需要の価格弾力性を求める．ビッドの分布（密度関数）を $g(\cdot; \hat{m}, \hat{s})$ とすると，需要の価格弾力性は $2 \cdot \exp\{\hat{m}\} \cdot g(\exp\{\hat{m}\}; \hat{m}, \hat{s})$ で与えられる．これを LOGNORM_PED とする．

2.3.2 検証方法

初期収益率 (IR) を被説明変数，需要の価格弾力性を説明変数とする回帰分析を行うことで，モデルの現実妥当性を検証する．採用する説明変数と予想される符号条件は以下のとおりである．

主要な説明変数：需要の価格弾力性

主要な説明変数は，需要の価格弾力性（NORM_PED, LOGNORM_PED）である．モデルの予測から，需要の価格弾力性が小さいほど（非弾力的であるほど），初期収益率が大きくなると考えられる．予想される符号は負である．

コントロール変数

需要の価格弾力性のほかに，コントロール変数として以下を説明変数に加える．

入札方式では，入札株にしても非入札株にしても，投資家は1単位しか購入できないという制約があり，彼らの需要は「公開前」の段階では必ずしも十分に満たされない可能性がある．この未充足需要の部分は，公開日以降に表面化し，初期収益率を押し上げると考えられる．この未充足需要の大きさは，人気のある銘柄ほど大きいと考えられよう．そこで，新規公開株に対する人気度を表す指標を，未充足需要の程度を表す代理指標とする．具体的には，入札参加者のうち落札できなかった人の割合，つまり，投資家が入札してきた株数のうち落札に失敗した株数の占める比率(USB)を未充足需要をコントロールする変数として採用する．予想される符号は正である．

公開前に市場が上昇局面にあるならば，初期収益率が大きくなることが過去の先行研究で指摘されている．そこで，公開前20営業日間の市場収益率(MR)を説明変数に加える．なお，MRは配当込みジャスダック指数の日次収益率から算出する．予想される符号は正である．

もし投資家が公開前から新規公開企業のシステマティックリスクを認識しているならば，初期収益率はそのリスクを反映したものになると考えられる．この部分をコントロールするために，システマティックリスクの指標としてベータの推定値(BETA)を説明変数に加える．一般にベータの推定値は，過去の収益率データを用いてマーケットモデ

ルを回帰することで得ることができる．しかし，新規公開企業の場合，当然のことながら公開前の収益率データは存在しない．そこで，公開前後で当該企業のリスク構造が変化しないと仮定して，公開後の収益率データを用いて事後的なベータを推定する．具体的には，公開日の21営業日後から80営業日後までの60日間の当該IPO企業の配当込み日次収益率と配当込みジャスダック指数の日次収益率を用いて，マーケットモデルを通常最小二乗法で回帰する．こうして得られたベータの推定値を公開前のシステマティックリスクの近似指標とする．ここで，公開直後の日次収益率データを使用せずに21営業日後からのデータを使用するのは，公開直後は株価が不安定になることが予想されるためである．システマティックリスクが高ければ初期収益率は高くなると考えられるので，予想される符号は正である．なお，この指標は事後的なデータを用いて推定したという意味で留意点があるため説明変数として加えた計測と加えない計測の両方を行う．

　さらに，時期の違いが初期収益率に与える影響をコントロールするため，公開年に対応した年次ダミー変数 (YEAR_DUM) を説明変数に加える．レファレンスは1993年である．

分析対象・データ・計測方法

　分析対象は，1993年1月から1997年9月（第3期の入札方式）までに，店頭市場（現ジャスダック市場）にIPOを行った銘柄481件である．ただし，需要の価格弾力性を推定することができなかった銘柄（入札下限価格 P_F と落札最低価格 P_L が一致する銘柄46件，計算が収束しない銘柄）は除外する．また，株式は有限責任資産であり本来負のビッドはありえない．そのため，ビッドの分布として正規分布を想定する場合，推定された正規分布の0以下の割合が5%以上となるものは対象から除外する．その結果，説明変数にNORM_PEDを使用する場合は340件，LOGNORM_PEDを使用する場合は356件が分析対

第2章 IPOの株価観察不能性と正の初期収益率

表 2.1 記述統計量

	観測数	平均値	標準偏差	最小値	Q1	中央値	Q3	最大値	IQR
IR	357	13.565	16.044	-27.711	3.509	8.889	18.557	103.390	15.048
NORM_PED	340	6.886	3.249	1.433	4.856	6.347	8.138	26.954	3.282
LOGNORM_PED	356	8.027	3.268	2.566	5.979	7.573	9.513	28.954	3.535
USB	357	0.775	0.097	0.420	0.715	0.790	0.851	0.952	0.136
MR	357	-0.448	6.335	-15.119	-4.428	-1.502	2.919	27.552	7.347
BETA	357	0.817	0.660	-1.059	0.363	0.787	1.218	3.395	0.855
Y1993	357	0.123	0.329	0.000	0.000	0.000	0.000	1.000	0.000
Y1994	357	0.252	0.435	0.000	0.000	0.000	1.000	1.000	1.000
Y1995	357	0.280	0.450	0.000	0.000	0.000	1.000	1.000	1.000
Y1996	357	0.252	0.435	0.000	0.000	0.000	1.000	1.000	1.000
Y1997	357	0.092	0.290	0.000	0.000	0.000	0.000	1.000	0.000

IRは初期収益率（単位：%），NORM_PEDはビッドの分布を正規分布と想定したときの需要の価格弾力性，LOGNORM_PEDはビッドの分布を対数正規分布と想定したときの需要の価格弾力性，USBは投資家が入札してきた株数のうち落札に失敗した株数の占める比率，MRは配当込みジャスダック指数の日次収益率から計測した公開前20営業日間の市場収益率（単位：%），BETAは公開日の21営業日後から80営業日後までの配当込み日次収益率を用いて推定した事後ベータ，Y1993，Y1994，Y1995，Y1996，Y1997は公開年に対応する年次ダミー変数である．Q1は第1四分位数，Q3は第3四分位数，IQRは四分位範囲を表している．

象となった．意見分散度指標NORM_PEDとLOGNORM_PEDのいずれかが算出可能な銘柄を対象に，各変数の記述統計量は表2.1にまとめられている．

配当込み日次収益率は金融データソリューション社NPMから入手した．また，IPOの入札情報は個別目論見書等から作成したデータベースから入手した[15]．

まず，需要の価格弾力性のみを説明変数として単一変数による検証を行う．次に，コントロール変数を説明変数に追加して検証を行う．計測式は線形で，通常最小二乗法によって推計する．なお，係数の有意性の検定にはWhiteの標準誤差を用いる．

---

[15] 入札方式のIPOデータベースの利用に関しては，金子隆氏（慶應義塾大学）から便宜を受けた．

2.3.3 検証結果

検証結果は表 2.2 に示されている．Model 1 から Model 3 は NORM_PED を説明変数に採用したとき，Model 4 から Model 6 は LOGNORM_PED を説明変数に採用したときの結果である．まず，NORM_PED を単一の説明変数としたとき (Model 1) の結果をみると，NORM_PED の係数は 1％水準で有意であり，符号は負である．また，Model 1 に BETA 以外のコントロール変数を加えたとき (Model 2) の結果をみると，ここでも NORM_PED の係数は 1％水準で有意であり，符号は負である．さらに，BETA を加えてもこの結果は変わらない (Model 3)．NORM_PED の代わりに，LOGNORM_PED を説明変数に採用した場合（Model 4 から Model 6）も，Model 1 から Model 3 と同様の結果が得られている．以上の結果は，モデルの予測と整合的である．すなわち，公開前の需要曲線が非弾力的なほど，初期収益率が高くなるといえる．なお，コントロール変数の係数に関しても，すべて 1％水準で有意であり，予想される符号条件を満たしている．

2.3.4 事前不確実性の代理指標を使用した実証研究との関連

Beatty and Ritter (1986) は，Rock (1986) のモデルを使用して事前不確実性が大きいほど，投資家間の情報格差の程度が大きくなり，高い初期収益が生じることを示している．実証研究では，この事前不確実性の代理指標として公開時における企業年齢や規模が使用され，若くて規模が小さい企業ほど事前不確実性が大きいと解釈されている．そして，これらの変数は初期収益率に対して，有意に負の影響を与えていることが示されている．

Beatty and Ritter (1986) では，ファンダメンタル価値の不確実性を事前不確実性と称している．したがって，本章のモデルでは，σ_F がそれに対応し，前節で示した比較静学の結果から，σ_F が大きいならば，高い初期収益率が生じると考えられる．ここで提示したモデルでは，公

表 2.2 検証結果

被説明変数：				IR			
	Model 1	Model 2	Model 3	Model 4	Model 5	Model 6	Model 7
NORM_PED	-0.868 [-3.789]***	-0.725 [-2.896]***	-0.701 [-2.934]***				
LOGNORM_PED				-0.792 [-3.726]***	-0.716 [-2.950]***	-0.703 [-3.045]***	
log(AGE)							-0.576 [-0.401]
log(ASSETS)							-1.241 [-1.827]*
USB		33.370 [3.936]***	32.906 [4.077]***		32.717 [4.058]***	31.951 [4.131]***	19.734 [5.750]***
MR		0.491 [3.211]***	0.564 [3.702]***		0.477 [3.191]***	0.546 [3.675]***	0.536 [4.087]***
BETA			5.099 [3.737]***			5.179 [3.848]***	5.375 [4.944]***
(Intercept)	19.657 [9.627]***	-10.799 [-1.677]*	-15.372 [-2.498]**	19.859 [9.401]***	-9.374 [-1.542]	-13.714 [-2.334]**	5.456 [0.596]
YEAR_DUM	NO	YES	YES	NO	YES	YES	YES
adj.R²	0.027	0.130	0.168	0.023	0.121	0.162	0.211
F-stat.	11.357***	6.811***	7.507***	13.885***	6.439***	7.034***	13.001***
num.of obs.	340	340	340	356	356	356	481

被説明変数は初期収益率 (IR) である．説明変数の NORM_PED はビッドの分布を正規分布と想定したときの需要の価格弾力性，LOGNORM_PED はビッドの分布を対数正規分布と想定したときの需要の価格弾力性，log(AGE) は設立日から公開日までの所要年数（企業年齢）の対数値，log(ASSETS) は公開前直近期における資産総額の自然対数値，USB は投資家が入札してきた株数のうち落札に失敗した株数の占める比率，MR は配当込みジャスダック指数の日次収益率から計測した公開前 20 営業日間の市場収益率，BETA は公開日の 21 営業日後から 80 営業日後までの配当込み日次収益率を用いて推定した事後ベータである．YEAR_DUM の YES は，年次ダミー変数を入れた計測であることを表す．推定方法は通常最小二乗法 (OLS) で，上段数値は推定された係数，下段括弧内は t 値を表す．なお，t 値の算出には White の標準誤差を用いている．adj.R² は自由度修正済み決定係数，F-stat. は F 統計量，num.of obs. は観測数である．***，**，*はそれぞれ 1％，5％，10％水準で統計的に有意であることを示す．

開前の情報が投資家間でばらついているだけで，投資家間で保有する情報に優劣は存在しない．このことから，投資家間の情報格差の存在を前提としなくても，事前不確実性が大きいほど，高い初期収益率が生じると考えられる．また，事前不確実性の代理変数が，初期収益率に対して負の影響を与えていることを示した実証結果は，本章のモデルとも整合的な結果といえよう．すなわち，この結果は，情報優位の投資家の存在を仮定する仮説の妥当性を支持するものとも考えられるが，本章のモデルの妥当性を支持するものとも考えられる．

実際に，表 2.2 には，需要の価格弾力性の代わりに，企業年齢の自然対数値 (log(AGE)) と規模の指標として公開前直近期の資産総額の自然対数値 (log(ASSETS)) を説明変数としたとき (Model 7) の回帰の結果が示されている[16]．これをみると，log(ASSETS) の係数は 10％水準で有意であり，符号は負である．また，log(AGE) の係数は有意ではないものの，符号は負である．係数の有意性は低いものの，企業年齢と規模が事前不確実性の代理指標として適切であるならば，この結果は本章のモデルと整合的であるといえよう．

2.4　結語

本章では，公開前に株価を観察できない IPO の場合，公開価格が公開前需要に基づいて需給均衡水準に決定されたとしても，投資家は価格から情報を得られないことに起因するリスクに対してプレミアムを求めるために，正の期待収益となることを示した．すなわち，入札やブックビルディングによって公開前における投資家の需要に関する情報を正確に引き出し，それに基づいて公開価格を需給均衡水準に設定したとしても，平均的にみて正の初期収益率が観察されることになる．

最後に，本章で展開したモデルを用いて公開日の高い初期収益率を説明することの問題点と限界をいくつか考察する．

第 1 に，公開前に IPO 株に対する投資家の需要が完全に明らかになると仮定している点である．たとえ公開前に入札やブックビルディングを行ったとしても，完全に投資家の需要は明らかにならないかもしれない．また，入札方式かブックビルディング方式かによって，投資家の行動が変化するかもしれない．本章のモデルでは，投資家を価格

---

[16]規模指標に IPO の発行総額を用いるのが一般的であるが，公開価格がモデルの内生変数なので，ここでは代わりに資産総額を採用する．

受容者として扱っており，投資家の戦略的行動を考慮していない．

　第2に，空売りに制約がないと仮定している点である．現実にはIPO株は空売りに制約がある．そのため，楽観的な評価のみが株価に反映されるかもしれない．もしそうであるならば，市場価格を観察しても全投資家の集計情報を学習することが困難になるかもしれない．このことから，本章で展開したモデルでは，現実を記述するうえで適切でない可能性がある．

　第3に，公開価格が公開前需要に基づいて需給均衡水準に設定されると仮定している点である．一般に，公開価格は引受主幹事，あるいは公開企業が決定する．実際には，これらの主体は，公開価格を意図的に低く設定するインセンティブを持つ可能性がある．たとえば，引受主幹事はIPO株の売れ残りリスクや販売努力を小さくするために，公開価格を過小値付けするかもしれない (Baron, 1982)．また，引受主幹事は，将来，売買関係業務から得る手数料収入を増加させるために，意図的に公開価格を過小値付けすることで投資家を惹きつけようとするかもしれない (Loughran and Ritter, 2002)．また，もし投資家間で保有情報に優劣が存在する場合は，それに起因する問題を避けるために，意図的に公開価格を低く設定するかもしれない (Rock, 1986; Benveniste and Spindt, 1989)[17]．

　3つ目の限界点に関連して，本章のモデルだけでは，ブックビルディング方式下の高い初期収益率を説明することはできないと考えられる．わが国では，公開価格決定方式として，入札方式とブックビルディング方式が導入されているが，両者の初期収益率を比較すると，ブックビルディング方式下のIPOのほうが高い．このことを本章のモデルの説明しようとすると，ブックビルディング方式のIPOのほうが，入札方

---

[17] しかしながら，本章のモデルは，これらの可能性と排他的な関係にない．もし需給均衡価格より低く公開価格が設定されるならば，より大きな初期収益が観察されるようになるだけであろう．

式のIPOよりも，公開前に価格を観察できないことに起因するリスクが大きいために，高い初期収益率が生じているということになる．しかし，公開価格決定方式が違うからといって，株価を観察できないリスクに違いが生じると考える理由はない．

ブックビルディング方式では，引受主幹事が公開価格の決定に大きく関与するだけでなく，IPO株の割当に裁量を持つ．ブックビルディング方式のIPOにおける高い初期収益率を説明するためには，引受主幹事が主体的な行動をとることを想定するのが現実的であろう．このような想定の下，高い初期収益率を説明する仮説に「証券会社の利益相反仮説」がある．この仮説の提示と検証については次の章で扱う．

以上のように本章のモデルだけで，公開初日に観察される高い初期収益率のすべてを説明することはできないであろう．しかし，POとIPOとの間の決定的な違いは，発行価格（公開価格）決定時に株価ができるか否かである．公開前に株価を観察できないことに起因するリスクが，公開初日に高い初期収益率をもたらしている可能性は十分に示されたといってよい．

2.A 定理の証明

まず，時点1について考える．公開日の均衡価格が(2.7)式で与えられ，そこから$\bar{Y}$が明らかになるならば，投資家iの時点1の需要関数x_{i1}^*は，

$$x_{i1}^* = \frac{E[F|\bar{Y}] - P_1}{aVar[F|\bar{Y}]} \tag{2.25}$$

となる．ここで，

$$E[F|\bar{Y}] = \frac{\sigma_w^2}{\sigma_F^2+\sigma_w^2}\mu_F + \frac{\sigma_F^2}{\sigma_F^2+\sigma_w^2}\bar{Y} \tag{2.26}$$

$$Var[F|\bar{Y}] = \frac{\sigma_F^2\sigma_w^2}{\sigma_F^2+\sigma_w^2} \tag{2.27}$$

である．市場清算条件より

$$1 = \int_{[0,1]} x_{i1}^* di$$

$$\Leftrightarrow \quad 1 = \frac{E[F|\bar{Y}] - P_1}{aVar[F|\bar{Y}]}$$

$$\Leftrightarrow \quad P_1 = \frac{\sigma_w^2}{\sigma_F^2+\sigma_w^2}\mu_F - a\frac{\sigma_F^2\sigma_w^2}{\sigma_F^2+\sigma_w^2} + \frac{\sigma_F^2}{\sigma_F^2+\sigma_w^2}\bar{Y} \tag{2.28}$$

である．これと (2.7) 式の係数を比較して次を得る．

$$\beta_0 = \frac{\sigma_w^2}{\sigma_F^2+\sigma_w^2}\mu_F - a\frac{\sigma_F^2\sigma_w^2}{\sigma_F^2+\sigma_w^2} \tag{2.29}$$

$$\beta_1 = \frac{\sigma_F^2}{\sigma_F^2+\sigma_w^2} \tag{2.30}$$

したがって，(2.7) 式を満たす均衡は存在する[18]．P_1 の期待値をとると，

$$E[P_1] = \mu_F - a\frac{\sigma_F^2\sigma_w^2}{\sigma_F^2+\sigma_w^2} \tag{2.31}$$

である．

次に，x_{i1}^* を所与として，時点 0 に投資家が直面する問題を考える．

$$\max_{\{x_{i0}\}} E[V_{i1}(x_{i0})|\Phi_{i0}] \tag{2.32}$$

---

[18] ここでの結果は Grossman (1976) のモデルと同じものである．

ここで，

$$
\begin{aligned}
V_{i1}(x_{i0}) &= E\left[-\exp[-a\{W_{i0}+(F-P_1)x_{i1}^*+(P_1-P_0)x_{i0}\}]|\Phi_{i1}\right] \\
&= -\exp[aP_1-a(P_1-P_0)x_{i0}-aW_{i0}]E\left[\exp[-aF]|\Phi_{i1}\right] \\
&= -\exp\Big[aP_1-a(P_1-P_0)x_{i0}-aW_{i0}-aE[F|\bar{Y}] \\
&\quad +\frac{1}{2}a^2Var[F|\bar{Y}]\Big] \\
&= -\exp\Big[-\frac{1}{2}a^2Var[F|\bar{Y}]-a\Big\{E[F|\bar{Y}]-aVar[F|\bar{Y}] \\
&\quad -P_0\Big\}x_{i0}-aW_{i0}\Big] \tag{2.33}
\end{aligned}
$$

であるから，これを (2.32) 式に代入すると，目的関数は，

$$
\begin{aligned}
&E\Big[-\exp\Big[-\frac{1}{2}a^2Var[F|\bar{Y}]-a\{E[F|\bar{Y}]-aVar[F|\bar{Y}]-P_0\}x_{i0} \\
&\quad -aW_{i0}\Big]\Big|Y_i\Big] \\
&= -\exp\Big[-\frac{1}{2}a^2Var[F|\bar{Y}]-a\Big\{\frac{\sigma_w^2}{\sigma_F^2+\sigma_w^2}\mu_F-aVar[F|\bar{Y}]-P_0\Big\}x_{i0} \\
&\quad -aW_{i0}\Big]\cdot E\Big[\exp\Big[-a\frac{\sigma_F^2}{\sigma_F^2+\sigma_w^2}x_{i0}\bar{Y}\Big]\Big|Y_i\Big] \\
&= -\exp\Big[\frac{1}{2}a^2\Big(\frac{\sigma_F^2}{\sigma_F^2+\sigma_w}\Big)^2 Var[\bar{Y}|Y_i]x_{i0}^2 \\
&\quad -a\Big\{\frac{\sigma_F^2}{\sigma_F^2+\sigma_w^2}E[\bar{Y}|Y_i]+\frac{\sigma_w^2}{\sigma_F^2+\sigma_w^2}\mu_F-aVar[F|\bar{Y}]-P_0\Big\}x_{i0} \\
&\quad -\frac{1}{2}a^2Var[F|\bar{Y}]-aW_{i0}\Big] \tag{2.34}
\end{aligned}
$$

第 2 章　IPO の株価観察不能性と正の初期収益率

となる．(2.34) 式を x_{i0} に関して微分して 0 とおき，x_{i0} について解けば最適解が得られる．投資家 i の時点 0 の需要関数 x_{i0}^* は，

$$x_{i0}^* = \frac{E[\bar{Y}|Y_i]}{a\left(\frac{\sigma_F^2}{\sigma_F^2+\sigma_w^2}\right)Var[\bar{Y}|Y_i]} + \frac{\frac{\sigma_w^2}{\sigma_F^2+\sigma_w^2}}{a\left(\frac{\sigma_F^2}{\sigma_F^2+\sigma_w^2}\right)^2 Var[\bar{Y}|Y_i]}$$
$$- \frac{Var[F|\bar{Y}]}{\left(\frac{\sigma_F^2}{\sigma_F^2+\sigma_w^2}\right)^2 Var[\bar{Y}|Y_i]} - \frac{P_0}{a\left(\frac{\sigma_F^2}{\sigma_F^2+\sigma_w^2}\right)^2 Var[\bar{Y}|Y_i]} \quad (2.35)$$

となる．ここで，

$$E[\bar{Y}|Y_i] = \frac{\sigma_e^2}{\sigma_F^2+\sigma_w^2+\sigma_e^2}\mu_F + \frac{\sigma_F^2+\sigma_w^2}{\sigma_F^2+\sigma_w^2+\sigma_e^2}Y_i \quad (2.36)$$

$$Var[\bar{Y}|Y_i] = \frac{(\sigma_F^2+\sigma_w^2)\sigma_e^2}{\sigma_F^2+\sigma_w^2+\sigma_e^2} \quad (2.37)$$

である．市場清算条件より，

$$1 = \int_{[0,1]} x_{i0}^* di$$
$$\Leftrightarrow P_0 = \frac{\sigma_F^2}{\sigma_F^2+\sigma_w^2}\left(\frac{\sigma_e^2}{\sigma_F^2+\sigma_w^2+\sigma_e^2}\mu_F + \frac{\sigma_F^2+\sigma_w^2}{\sigma_F^2+\sigma_w^2+\sigma_e^2}\bar{Y}\right) + \frac{\sigma_w^2}{\sigma_F^2+\sigma_w^2}\mu_F$$
$$- a\frac{\sigma_F^2\sigma_w^2}{\sigma_F^2+\sigma_w^2} - a\left(\frac{\sigma_F^2}{\sigma_F^2+\sigma_w^2}\right)^2 \frac{(\sigma_F^2+\sigma_w^2)\sigma_e^2}{\sigma_F^2+\sigma_w^2+\sigma_e^2} \quad (2.38)$$

となる．P_0 の期待値をとると，

$$E[P_0] = \mu_F - a\frac{\sigma_F^2\sigma_w^2}{\sigma_F^2+\sigma_w^2} - a\left(\frac{\sigma_F^2}{\sigma_F^2+\sigma_w^2}\right)^2 \frac{(\sigma_F^2+\sigma_w^2)\sigma_e^2}{\sigma_F^2+\sigma_w^2+\sigma_e^2} \quad (2.39)$$

となる. (2.31) 式, (2.39) 式より,

$$E[P_1 - P_0] = a \left(\frac{\sigma_F^2}{\sigma_F^2 + \sigma_w^2} \right)^2 \frac{(\sigma_F^2 + \sigma_w^2)\sigma_e^2}{\sigma_F^2 + \sigma_w^2 + \sigma_e^2} > 0 \qquad (2.40)$$

であり，期待初期収益は正となる.

2.B 拡張モデル：価格にノイズを含む場合

2.B.1 設定

市場需要関数にノイズが存在すると仮定する．すなわち，公開前（時点 0）と公開日（時点 1）の市場需要関数 $D_t (t = 0, 1)$ は，

$$D_t = \int_{[0,1]} x_{it}^* di + X_t \quad (t = 0, 1) \qquad (2.41)$$

とする．ここで，X_t は $t = 0, 1$ の間で独立かつ同一の分布に従い，$X_t \sim N(0, \sigma_X^2)$ とする．また，F，w，$\{e_i\}_{i \in [0,1]}$ とは独立であるとする[19,20].

均衡価格 P_1 は，投資家の集計情報 $\bar{Y}$ と需要のショック X_1 の線形関数であると予測する．すなわち,

$$P_1 = \beta_0 + \beta_1 \bar{Y} + \beta_2 X_1 \qquad (2.42)$$

とする．この設定では，価格がノイズを含むために，たとえ価格が観察可能であったとしても，集計情報 $\bar{Y}$ が完全には明らかにならない．そのため，各投資家の情報 Y_i が取引に利用される.

また，2.2 節のモデルの仮定 1 と仮定 2 に加えて，次の仮定を置く.

---

[19]一般的には総供給にノイズの存在を仮定する（たとえば，Grossman and Stiglitz, 1980). しかし，総需要にノイズを加えたとしても導かれる結果に本質的に変化はない.

[20]このノイズは，ノイズを含んだ合理的期待均衡を扱った研究では，ノイズレーダーの需要と解釈されることが多い.

第 2 章　IPO の株価観察不能性と正の初期収益率　　**69**

仮定 3.　公開日（時点 1）において，公開価格と市場価格を観察するが，公開価格は条件付き期待値の意味で余分 (redundant) な情報である．すなわち，$E[F|Y_i, P_0, P_1] = E[F|Y_i, P_1]$ である．

この仮定により，公開価格 P_0 の需要へのフィードバックを考えることなく，時点 1 で株価 P_1 から得られる情報の影響を記述することができ，2.2 節のモデルとの連続性を保つことができる．

2.B.2　均衡価格

以上の設定の下，均衡を記述する．まず，(2.42) 式の均衡価格 P_1 を導出する．(2.42) 式を変形すると，

$$X_1 = -\frac{\beta_0}{\beta_2} - \frac{\beta_1}{\beta_2}\bar{Y} + \frac{1}{\beta_2}P_1 \tag{2.43}$$

である．一方，市場清算条件より，

$$1 = \int_{[0,1]} x_{i1}^* di + X_1$$

$$\Leftrightarrow \quad X_1 = \frac{(\mu - a\sigma_F^2)\left\{(\beta_1/\beta_2)^2\sigma_w^2\sigma_e^2 + (\sigma_w^2 + \sigma_e^2)\sigma_X^2\right\}}{a\sigma_F^2\left\{(\beta_1/\beta_2)^2\sigma_w^2\sigma_e^2 + (\beta_1/\beta_2)\sigma_e^2 + (\sigma_w^2 + \sigma_e^2)\sigma_X^2\right\}}$$

$$- \frac{(\beta_1/\beta_2)^2\sigma_e^2 + \sigma_X^2}{a\left\{(\beta_1/\beta_2)^2\sigma_w^2\sigma_e^2 + (\beta_1/\beta_2)\sigma_e^2 + (\sigma_w^2 + \sigma_e^2)\sigma_X^2\right\}}\bar{Y}$$

$$+ \frac{(\beta_1/\beta_2)^2(\sigma_w^2 + \sigma_e^2)\sigma_e^2 + (\sigma_F^2 + \sigma_w^2 + \sigma_e^2)\sigma_X^2}{a\sigma_F^2\left\{(\beta_1/\beta_2)^2\sigma_w^2\sigma_e^2 + (\beta_1/\beta_2)\sigma_e^2 + (\sigma_w^2 + \sigma_e^2)\sigma_X^2\right\}}P_1 \tag{2.44}$$

である．係数を比較すると，次の β_0, β_1, β_2 に関する連立方程式が得られる．

$$\frac{\beta_1}{\beta_2} = \frac{(\beta_1/\beta_2)^2\sigma_e^2 + \sigma_X^2}{a\left\{(\beta_1/\beta_2)^2\sigma_w^2\sigma_e^2 + (\beta_1/\beta_2)\sigma_e^2 + (\sigma_w^2 + \sigma_e^2)\sigma_X^2\right\}} \tag{2.45a}$$

$$\frac{1}{\beta_2} = \frac{(\beta_1/\beta_2)^2(\sigma_w^2+\sigma_e^2)\sigma_e^2 + (\sigma_F^2+\sigma_w^2+\sigma_e^2)\sigma_X^2}{a\sigma_F^2\left\{(\beta_1/\beta_2)^2\sigma_w^2\sigma_e^2 + (\beta_1/\beta_2)\sigma_e^2 + (\sigma_w^2+\sigma_e^2)\sigma_X^2\right\}} \quad (2.45b)$$

$$\frac{\beta_0}{\beta_2} = \frac{(\mu - a\sigma_F^2)\left\{(\beta_1/\beta_2)^2\sigma_w^2\sigma_e^2 + (\sigma_w^2+\sigma_e^2)\sigma_X^2\right\}}{a\sigma_F^2\left\{(\beta_1/\beta_2)^2\sigma_w^2\sigma_e^2 + (\beta_1/\beta_2)\sigma_e^2 + (\sigma_w^2+\sigma_e^2)\sigma_X^2\right\}} \quad (2.45c)$$

(2.42) 式の均衡価格 P_1 の係数 β_0, β_1, β_2 はこの連立方程式の解である．

次に公開価格 P_0 を導出する．

$$\begin{aligned}
V_{i1}(x_{i0}) &= E\left[-\exp\left[-a\left\{W_{i0} + (F-P_1)x_{i1}^* + (P_1-P_0)x_{i0}\right\}\right]|\Phi_{i1}\right] \\
&= -\exp\left[-a(P_1-P_0)x_{i0} - \frac{1}{2}\frac{(E[F|Y_i,P_1]-P_1)^2}{Var[F|Y_i,P_1]} - aW_{i0}\right]
\end{aligned}$$
(2.46)

である．ここで,

$$E[F|Y_i, P_1] = k_0 + k_1 Y_i + k_2 P_1 \quad (2.47)$$

と置くと,

$$\begin{aligned}
&E[V_{i1}|Y_i] \\
&= -\exp\left[aP_0 x_{i0} - \frac{1}{2}\frac{(k_0+k_1 Y_i)^2}{Var[F|Y_i,P_1]} - aW_{i0}\right] \\
&\quad E\left[\exp\left[-\frac{1}{2}\frac{(k_2-1)^2}{Var[F|Y_i,P_1]}P_1^2 - \left\{ax_{i0} + \frac{(k_0+k_1 Y_i)(k_2-1)}{Var[F|Y_i,P_1]}\right\}P_1\right]\bigg| Y_i\right] \\
&= -\left(1 + \frac{(k_2-1)^2 Var[P_1|Y_i]}{Var[F|Y_i,P_1]}\right)^{-\frac{1}{2}} \\
&\quad \times \exp\bigg[aP_0 x_{i0} - \frac{1}{2}\frac{(k_0+k_1 Y_i)^2}{Var[F|Y_i,P_1]} - \frac{(E[P_1|Y_i])^2}{Var[P_1|Y_i]} - aW_{i0} \\
&\quad + \frac{1}{2}\left\{\frac{1}{Var[P_1|Y_i]} + \frac{(k_2-1)^2}{Var[F|Y_i,P_1]}\right\}^{-1}
\end{aligned}$$

第 2 章　IPO の株価観察不能性と正の初期収益率

$$\times \left\{ \frac{E[P_1|Y_i]}{Var[P_1|Y_i]} - \frac{(k_0+k_1Y_i)(k_2-1)}{Var[F|P_1,Y_i]} - ax_{i0} \right\}^2 \Bigg] \tag{2.48}$$

となる．ここで，

$$E[P_1|Y_i] = l_0 + l_1 Y_i \tag{2.49}$$

と置けば，一階の条件より，

$$\begin{aligned}
x_{i0}^* &= \frac{1}{a}\left\{\frac{l_0}{Var[P_1|Y_i]} - \frac{k_0(k_2-1)}{Var[F|Y_i,P_1]}\right\} \\
&+ \frac{1}{a}\left\{\frac{l_1}{Var[P_1|Y_i]} - \frac{k_1(k_2-1)}{Var[F|Y_i,P_1]}\right\}Y_i \\
&- \frac{1}{a}\left\{\frac{1}{Var[P_1|Y_i]} - \frac{(k_2-1)^2}{Var[F|Y_i,P_1]}\right\}P_0
\end{aligned} \tag{2.50}$$

が得られる．市場清算条件より，

$$\begin{aligned}
P_0 &= \left\{\frac{1}{Var[P_1|Y_i]} + \frac{(k_2-1)^2}{Var[F|Y_i,P_1]}\right\}^{-1} \\
&\times \left\{\frac{l_0}{Var[P_1|Y_i]} - \frac{k_0(k_2-1)}{Var[F|Y_i,P_1]} - a\right\} \\
&+ \left\{\frac{1}{Var[P_1|Y_i]} + \frac{(k_2-1)^2}{Var[F|Y_i,P_1]}\right\}^{-1} \\
&\times \left\{\frac{l_1}{Var[P_1|Y_i]} - \frac{k_1(k_2-1)}{Var[F|Y_i,P_1]}\right\}\bar{Y} \\
&+ \left\{\frac{1}{Var[P_1|Y_i]} + \frac{(k_2-1)^2}{Var[F|Y_i,P_1]}\right\}^{-1} aX_0
\end{aligned} \tag{2.51}$$

となる．ここで，

$$k_0 = \frac{\beta_1^2\sigma_w^2\sigma_e^2 + \beta_2^2(\sigma_w^2+\sigma_e^2)\sigma_X^2}{\Delta}\mu_F - \frac{\beta_0\beta_1\sigma_F^2\sigma_e^2}{\Delta}$$

$$k_1 = \frac{\beta_2^2 \sigma_F^2 \sigma_X^2}{\Delta}$$

$$k_2 = \frac{\beta_1 \sigma_F^2 \sigma_e^2}{\Delta}$$

$$l_0 = \beta_0 + \beta_1 \frac{\sigma_e^2}{\sigma_F^2 + \sigma_w^2 + \sigma_e^2} \mu_F$$

$$l_1 = \beta_1 \frac{\sigma_F^2 + \sigma_w^2}{\sigma_F^2 + \sigma_w^2 + \sigma_e^2}$$

$$Var[F|Y_i, P_1] = \frac{\sigma_F^2 \{\beta_1^2 \sigma_w^2 \sigma_e^2 + \beta_2^2 (\sigma_w^2 + \sigma_e^2) \sigma_X^2\}}{\Delta}$$

$$Var[P_1|Y_i] = \frac{\Delta}{\sigma_F^2 + \sigma_w^2 + \sigma_e^2}$$

$$\Delta = \beta_1^2 (\sigma_F^2 + \sigma_w^2) \sigma_e^2 + \beta_2^2 (\sigma_F^2 + \sigma_w^2 + \sigma_e^2) \sigma_X^2$$

である．

2.B.3　数値例

期待初期収益 $E[P_1 - P_0]$ を数値例によって示しておこう．ただし，2.2 節のモデルと異なり，均衡での公開価格，市場価格，期待初期収益を解析的に解くことができないため，数値的に解いて求める．パラメーターについてはノイズ X_t の標準偏差を $\sigma_X = 0.1$ とする以外は 2.2.3 項と同様の値に設定する（$\mu_F = 1000$, $\sigma_F = 250$, $\sigma_w = 50$, $\sigma_e = 150$, $a = 0.005$）．その結果，数値計算により $E[P_0] = 910.71$, $E[P_1] = 987.97$, 期待初期収益は $E[P_1 - P_0] = 77.26$ となる．2.2.3 項の結果と比較すると，たとえ均衡価格にノイズを含んだとしても，期待初期収益に大きな差は生まれないことがわかる．なお，$\sigma_X = 0.0$ とした場合は，2.2.3 項の結果と一致する．

2.B.4 シミュレーション

価格にノイズを含む場合，均衡での公開価格，市場価格，期待初期収益を解析的に導出することはできない．そのため，パラメーターの変化が期待初期収益にどのような影響を与えるのか，シミュレーションによって分析する．

図 2.3 から図 2.7 は，シミュレーションの結果を示している．なお，パラメーターは，変化させる対象を除き，2.B.3 項と同様の値に設定している．

図 2.6 は σ_X に関するシミュレーションの結果である．これをみると，σ_X が増加すると，期待初期収益が減少している．集計需要のノイズ σ_X が増加すると，市場価格 P_1 が情報の価値が減少し，それに伴い，公開前後で投資家の持つ情報の差異が小さくなると考えられる．その結果，公開前と公開後の需要が似たものとなり，市場清算条件で決定される P_0 と P_1 に差がなくなるために期待初期収益が減少すると考えられる．

その他のシミュレーションの結果は，2.2.4 項の比較静学の結果と符合しており，同様な解釈を与えることができる．

図 2.3 σ_F に関するシミュレーション結果

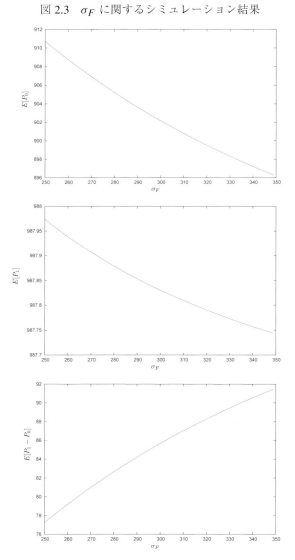

σ_F を 1 ずつ増加させたときの $E[P_1-P_0]$ の変化を示している. σ_F 以外のパラメーターは, $\mu_F=1000$, $\sigma_w=50$, $\sigma_e=150$, $\sigma_X=0.1$, $a=0.005$ である.

図 2.4 σ_F に関するシミュレーション結果

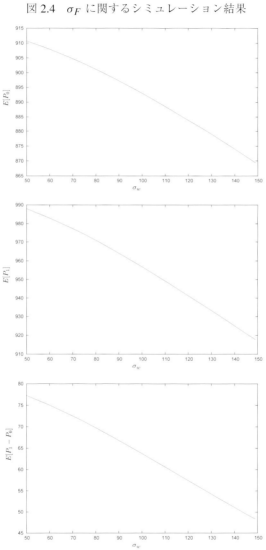

σ_w を 1 ずつ増加させたときの $E[P_1 - P_0]$ の変化を示している。σ_w 以外のパラメーターは、$\mu_F = 1000$, $\sigma_F = 250$, $\sigma_e = 150$, $\sigma_X = 0.1$, $a = 0.005$ である.

図 2.5　σ_e に関するシミュレーション結果

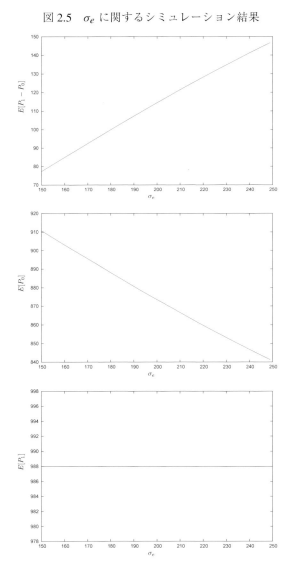

σ_e を 1 ずつ増加させたときの $E[P_1-P_0]$ の変化を示している．σ_e 以外のパラメーターは，$\mu_F=1000$, $\sigma_F=250$, $\sigma_w=50$, $\sigma_X=0.1$, $a=0.005$ である．

図 2.6 σ_X に関するシミュレーション結果

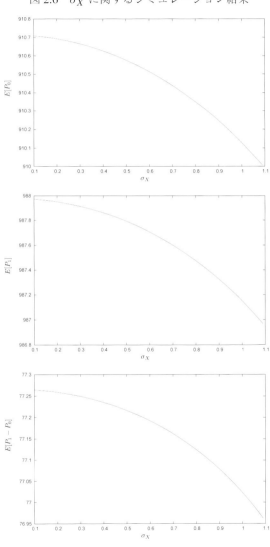

σ_X を 0.01 ずつ増加させたときの $E[P_1 - P_0]$ の変化を示している．σ_X 以外のパラメーターは，$\mu_F = 1000$，$\sigma_F = 250$，$\sigma_w = 50$，$\sigma_e = 150$，$a = 0.005$ である．

図 2.7 a に関するシミュレーション結果

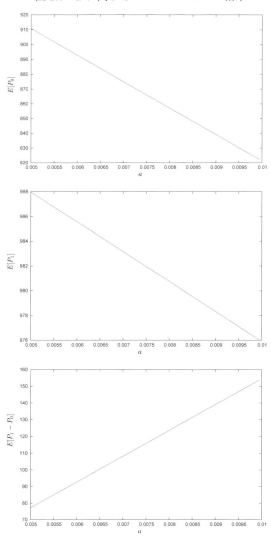

a を 0.00005 ずつ増加させたときの $E[P_1 - P_0]$ の変化を示している．σ_e 以外のパラメーターは，$\mu_F = 1000$，$\sigma_F = 250$，$\sigma_w = 50$，$\sigma_e = 150$，$\sigma_X = 0.1$ である．

第3章 IPOにおける大手証券会社の引受と初期収益率：利益相反仮説の検証

3.1 はじめに

　新規株式公開 (IPO) において，公開直前に新規公開株を投資家に割り当てるときの価格である公募・売出価格（以下，公開価格）の決定方式には，固定価格方式，入札方式，ブックビルディング方式の3つがある．日本では，入札方式に加えて1997年9月にブックビルディング方式が導入され，現在，両方式ともに選択可能である．しかし，1997年9月にブックビルディング方式が導入されてからは，移行期といえる最初の1カ月余りを除いて入札方式は一度も採用されておらず，ブックビルディング方式が支配的となっている．

　第1章で示したように，平均初期収益率を比較すると，ブックビルディング方式のほうが入札方式よりも有意に高い[1]．では，なぜブックビルディング方式下での初期収益率は高いのであろうか．この現象を

　本章は『三田商学研究』第53巻第1号に掲載された池田 (2010a)「IPOにおける大手証券会社の引受と初期収益率：利益相反仮説の検証」を加筆・修正したうえで転載したものである．

　[1] Kaneko and Pettway (2003) では，初期収益率に影響を与えうる他の条件をコントロールしても，依然としてブックビルディング方式での初期収益率が入札方式よりも有意に高いことを示している．そこでは，公開前の市場環境もコントロールしているため，時期の相違が結果に影響を及ぼさないと考えられる．また，公開価格決定後，募集申し込みから公開日までわずか数日なので，この期間のリスクプレミアムは無視できるであろう．

第2章のモデルで説明しようとすれば，ブックビルディング方式のIPOでは，入札方式のIPOと比べて，公開前に株価を観察できないことに起因するリスクが大きいために，初期収益率が大きくなるということになる．しかし，ブックビルディング方式であるからといって，株価を観察できないリスクが大きいと考える理由はない．なぜなら，入札方式でもブックビルディング方式でも，公開前の段階では株価を観察できず，そこから得られる情報を用いて将来の株価を予測できないことに変わりはないからである．この現象を説明するためには，ブックビルディング方式が持つ特徴に着目する必要があろう．

　ブックビルディング方式では，まず引受主幹事が高い価格発見能力を持つとされる機関投資家にヒアリングを行い，その意見を参考に仮条件（上限価格，下限価格）を決定する．そして，仮条件の範囲で投資家の需要を積み上げ，その結果をもとに引受主幹事が発行企業と協議のうえ公開価格を決定する．この際，公開価格を仮条件の範囲内で決定するという明示的な規制はないが，日本では公開価格が仮条件を超えたことはない．このように，引受主幹事が公開価格決定に大きく関与する．さらに，ブックビルディング方式では引受主幹事が新規公開株の割り当てに対しても裁量を持つ．したがって，発行企業の合意は必要となるものの，引受主幹事が自身の利益を最大にするように公開価格を決定している可能性は大である．

　金子 (2002) が指摘するように，引受業務の他に流通市場での売買業務も行う総合証券会社には，自身の利益を増加させるために公開価格を過小値付けするインセンティブがあると考えられる．大きな過小値付けは，新規公開株を割り当てられた投資家にとって，公開後に高い収益が得られることを意味する．このため，引受主幹事は，過小値付けした新規公開株を売買業務の得意先である投資家（特に大口投資家）に割り当てれば，投資家からの評判を確立し，投資家と長期にわたって友好的な関係を築くことができると考えられる．その結果，将来，売

買業務から得られる収入が増加すると考えられる．

　一方，過小値付けは，発行企業にとって公開価格でなく初値で発行株式を売却していればより多くの資金を調達できたこと，すなわち，機会損失を意味する．したがって，過小値付けは，公開企業からの評判を毀損し，将来，引受主幹事に選択される可能性を低下させると考えられる．その結果，引受業務から得られる期待収入が減少すると考えられる．

　もし証券会社がその収入の大半を売買業務から得ているのであれば，公開価格を意図的に低く設定することで，発行企業の利益を犠牲にして投資家の利益を図ることが十分に考えられる．

　実際，金子(2002)では，1998年1月から2002年3月までに新興3市場に公開したIPOを対象とした分析の結果，上述した仮説を支持する結果を得ている．では，近年においても，証券会社による利益相反はみられるのであろうか．証券会社の行動が変化する可能性はないであろうか．たとえば，わが国では，1999年10月に銀行系証券会社がIPO引受市場に参入し，これを起点としてIPO引受市場の競争度が徐々に高まっている可能性がある．そのため，ブックビルディング方式を導入した当初よりも，利益相反行動を起こすことが難しくなっているかもしれない．本章では，引受主幹事の行動に構造変化が起きる可能性を考慮して利益相反仮説の検証を行う．

　本章の残りの構成は以下のとおりである．3.2節で関連する先行研究を紹介する．3.3節で日本のIPO引受市場，および引受主幹事を務める証券会社の特徴を踏まえ，利益相反仮説を提示する．3.4節で提示した利益相反仮説の検証を行う．3.5節で結論を述べる．

3.2 関連する先行研究

過度の過小値付けが証券会社の引受業務シェアに負の影響をもたらすことを示した研究は存在するが（たとえば，Beatty and Ritter, 1986; Dunbar, 2000），過小値付けと売買業務との関係に言及した研究は少ない．

本章と似たような主張がみられる論文として，Loughran and Ritter (2002) がある．Loughran and Ritter (2002) に従うと，投資家は過小値付けされた IPO 株を優先的に配分してもらうために，引受業者の売買業務部門で取引を行ったり，委託売買手数料を必要以上に払うといったレントシーキング行動をとる．この潜在的な IPO 投資家のレントシーキング行動が引受業者の収入を上昇させる．しかし，彼ら自身は，この主張の現実妥当性を検証していない．

本章の主張や Loughran and Ritter (2002) の主張と整合的な証拠を示した米国の研究として Reuter (2006) がある．Reuter (2006) は，1996 年から 1999 年にかけてのミューチュアル・ファンドが支払った委託売買手数料のデータとミューチュアル・ファンドの保有株式のデータを組み合わせて，引受主幹事に支払う委託売買手数料とその主幹事が引き受けた新規公開株の保有との間に正の相関があることを示している．さらに，この関係は負の初期収益率をもたらす IPO では観察されないことを示している．Reuter (2006) は，この結果を，売買業務における引受主幹事との関係が強い投資家ほど過小値付けされた新規公開株の配分が多くなることを示唆するものと解釈している．

また，これに関連した研究として Nimalendran, Ritter and Zhang (2007) がある．彼らは，公開企業から投資家への富の移転額である「テーブルに置かれたお金」(money left on the table) と公開日付近における流動性の高い株式の取引高との間の関係をみることで，引受主幹事は売買業務

での手数料の見返りとして過小値付けされた新規公開株を投資家に配分するという主張を検証している[2]．公開企業からの富の移転は，IPO株の割り当てを受けた投資家のみ享受することができる．彼らによれば，富の移転が巨額であれば，投資家はIPO株の割り当ての優先度を高める目的で委託売買手数料を引受業者に支払おうとする（Loughran and Ritter (2002) のレントシーキング行動）．この取引によって，テーブルに置かれたお金の一部が引受主幹事にシェアされる．ここで，投資家は，単に委託売買手数料を生み出すための取引ならば，価格変化に伴うコストやビッドアスクスプレッドを抑えるために流動性の高い株式の取引を好むと推測される．もしこの取引が新規公開株の配分の優先度を高めるならば，テーブルに置かれたお金と公開日付近における流動性の高い株式の取引高との間に正の相関があることが予想される．Nimalendran, et al. (2007) は，インターネットバブル期において，この予測と整合的な結果を得ている．そして，この結果を長期でみた委託売買手数料支払いだけでなく，短期でみた委託売買手数料支払いと新規公開株の配分との間に関係があることを示唆するものと解釈している．

　日本で証券会社の利益相反が実際に起こっているか否かを検証した研究に金子 (2002) がある．金子 (2002) は，IPOの引受主幹事を務める大手総合証券会社が，引受業務の顧客（発行企業）の利益を犠牲にして主たる得意客である売買業務の顧客（大口投資家）の利益を図るために公開価格を意図的に低く設定しているという「証券会社による利益相反仮説」を提示している．そして，1998年1月から2002年3月までに新興3市場に公開したIPOを対象とした検証の結果，売買業務において利益供与を図るべき大口顧客を抱え，かつ引受市場で支配力を持つ大手証券会社3社（野村，大和，日興）が引受主幹事を務めた

---

[2] テーブルに置かれたお金は，（公開初日の市場価格 − 公開価格）×公開株数で定義される．

場合，初期収益率が有意に高くなることを示し，利益相反仮説が支持されると結論づけている．しかし，金子 (2002) では，証券会社の行動が変化する可能性を考慮に入れて分析していない．この章では，その可能性を考慮に入れて，金子 (2002) の利益相反仮説の検証を行う．その前に，次節では，利益相反仮説が前提としている日本の IPO 引受市場，および引受主幹事を務める証券会社に関する特徴を再度，確認・検討を行う．

3.3 仮説の提示

では，日本のブックビルディング方式下の IPO において，証券会社による利益相反が起こり得ると考える理由は何であろうか．本節では，その理由として，日本の IPO 引受市場，および引受主幹事を務める証券会社に関する次の事実に着目する[3]．

第 1 に，引受主幹事を務める日本の証券会社は，売買業務と引受業務を兼業する総合証券会社である．引受業務の顧客は公開企業であるのに対して，売買業務の顧客は投資家である．このため，公開価格を設定する際，引受主幹事を務める総合証券会社には利益相反の可能性が内在している．

第 2 に，引受主幹事を務める証券会社の主たる収入源は，引受業務から得られる手数料ではなく，売買業務から得られる手数料である．証券会社の営業収益は，手数料収入（受入手数料），ディーリング業務の損益（ディーリング損益），配当や利子からの収入（金融収益）で構成される．さらに，受入手数料は，売買業務から得られる手数料（委託手数料），引受業務から得られる手数料（引受手数料），セリング業務から得られる手数料（募集・売出の取り扱い手数料），その他の手数料

---

[3] 本節の議論は，金子 (2002) に依拠している．

（その他の取り扱い手数料）で構成される．図 3.1 は，1997 年度から 2008 年度までの期間（ただし，1997 年度は 1997 年 9 月から）に，引受主幹事経験のある証券会社について，受入手数料に占める各手数料収入の割合を示したものである[4]．

これをみると，引受主幹事を務めるほとんどの証券会社で，受入手数料のうち委託手数料が最も大きな割合を占めている．すなわち，総合証券会社の主たる収入源は，引受業務ではなく売買業務であることがわかる．そして，それは大手 3 大証券会社ですら同じである．

第 3 に，上述したようにわが国では仮条件を超えて公開価格が決定されることはない[5]．したがって，引受主幹事は意図的に低い仮条件を設定することで高い初期収益率を作り出すことが可能である．また，ブックビルディング方式下では，証券会社は新規公開株の割当先と割当株数に関して大きな裁量を持つ．すなわち，証券会社にとってブックビルディング方式の IPO は売買業務の顧客である大口投資家に報いる絶好の機会となる．

第 4 に，日本の IPO 引受市場は寡占的である．表 3.1 は 1997 年度から 2008 年度までの各年度で，各証券会社の IPO の引受主幹事を務めた回数とそのシェアを示したものである[6]．これをみると，どの年度も主幹事を務める証券会社はわずか 20 社程度で，大手証券会社 3 社（野

---

[4] 営業収益のうち，ディーリング損益は，そのときの市場状況に依存して大きく変動する．結果として，営業収益に占める各手数料項目の割合を算出すると，この変動の影響を受けるため，代わりに受入手数料に占める各手数料項目の割合を算出した．

[5] 証券会社からのヒアリングによれば，かつて一度だけ，引受主幹事が上限価格より高い水準に公開価格を設定して届出書を提出したことがあるが，当局より修正を求められたという経緯があり，それ以来，公開価格は常に仮条件の範囲内で決定されている．行政指導がなされていることは明らかである（金子, 2002）．

[6] なお，新日本証券は和光証券との合併により 2000 年 4 月 1 日に新光証券なったが，2000 年 4 月 4 日に公開したセテック（証券コード 6337）の引受主幹事は新日本証券となっていた．そのため，この銘柄は 1999 年度に新日本証券が引き受けたものとした．

図 3.1 受入手数料に占める各手数料項目の割合（対象：引受主幹事経験のある証券会社）

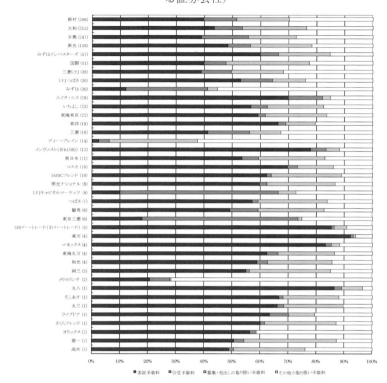

グラフは，当該証券会社が引受主幹事を務めた年度について受入手数料に占める各手数料項目の割合を算出し，それを 1997 年度から 2008 年度まで平均をとったものである．証券会社の収益データ（営業収益，受入手数料，委託手数料，引受手数料，募集・売出の取り扱い手数料，その他の取り扱い手数料）は，日経金融年報，日経 NEEDS（金融財務証券本決算），各証券会社が公表している有価証券報告書，決算短信，決算公告の単独の損益計算書から入手した．日興，大和はそれぞれ 1999 年 2 月，1999 年 4 月にホールセール部門とリテール部門を切り離したため，各手数料項目の割合を 1998 年 3 月期と 1999 年 3 月期の平均値で算出している．野村證券の 2002 年 3 月期では，決算月数が 11ヶ月（2001 年 5 月 7 日から 2002 年 3 月 31 日まで）であった．外国企業のほとんど（HSBC，クレディスイスファーストボストン，J・P・モルガン，ゴールドマン・サックス，USB ウォーバーグ，コメルツ，ウィット・キャピタル，モルガンスタンレー）については，収益データが得られなかった．また，NIS，IPO については，収益データが得られなかった．括弧内は当該証券会社が 1997 年度から 2008 年度までに主幹事（共同主幹事を含む）を務めた回数を示している．合併した場合は別会社とみなしている．ただし，年度内に合併した証券会社が合併までに引き受けた IPO は，合併後の証券会社が引き受けたものとみなして主幹事回数を算出している．

表 3.1　各証券会社の主幹事シェア

	1997年度	1998年度	1999年度	2000年度	2001年度	2002年度	2003年度	2004年度	2005年度	2006年度	2007年度	2008年度	1997年度～2008年度
大手3大証券会社													
野村	35.3 (18)	29.0 (27)	35.2 (44)	25.4 (51)	25.7 (45)	25.8 (32)	19.5 (25)	21.6 (38)	23.1 (39)	18.1 (34)	29.3 (29)	41.2 (14)	25.3 (396)
大和	19.6 (10)	21.5 (20)	21.6 (27)	26.4 (53)	20.0 (35)	16.9 (21)	16.4 (21)	17.0 (30)	19.5 (33)	18.6 (35)	26.3 (26)	11.8 (4)	20.2 (315)
日興	19.6 (10)	33.3 (31)	26.4 (33)	16.4 (33)	17.7 (31)	16.1 (20)	13.3 (17)	14.8 (26)	11.8 (20)	11.2 (21)	3.0 (3)	5.9 (2)	15.8 (247)
銀行系証券会社													
新光				7.5 (15)	10.3 (18)	11.3 (14)	14.8 (19)	11.4 (20)	8.9 (15)	11.2 (21)	12.1 (12)	11.8 (4)	8.8 (138)
みずほインベスターズ							1.6 (2)	6.8 (12)	4.7 (8)	11.7 (22)	8.1 (8)	14.7 (5)	3.6 (57)
三菱UFJ									9.5 (16)	8.5 (16)	5.1 (5)	5.9 (2)	2.5 (39)
みずほ				3.0 (6)	4.0 (7)	1.6 (2)	2.3 (3)	1.1 (2)	2.4 (4)	2.1 (4)	1.0 (1)	2.9 (1)	1.9 (30)
UFJつばさ						6.5 (8)	7.8 (10)	6.8 (12)					1.9 (30)
三菱						4.8 (6)	5.5 (7)	2.8 (5)					1.2 (18)
SMBCフレンド							0.8 (1)	1.7 (3)	1.8 (3)	0.5 (1)	2.0 (2)		0.6 (10)
UFJキャピタルマーケッツ					4.6 (8)								0.5 (8)
東京三菱				1.5 (3)	1.7 (3)								0.4 (6)
さくらフレンド						0.8 (1)							0.1 (1)
外資系証券会社													
HSBC					0.6 (1)	1.6 (2)	0.8 (1)	1.1 (2)					0.4 (6)
ゴールドマン・サックス				0.5 (1)	0.6 (1)			0.6 (1)		0.5 (1)			0.3 (4)
クレディスイスファーストボストン						1.6 (2)	0.8 (1)		0.6 (1)				0.3 (4)
JPモルガン				1.0 (2)									0.1 (2)
UBSウォーバーグ					1.1 (2)								0.1 (2)
メリルリンチ日本						1.6 (2)							0.1 (2)
ウィット・キャピタル				0.5 (1)									0.1 (1)
コメルツ					0.6 (1)								0.1 (1)
その他証券会社													
国際	5.9 (3)	5.4 (5)	6.4 (8)	10.0 (20)	8.6 (15)								3.3 (51)
エイチ・エス						1.6 (2)	3.1 (4)	6.8 (12)	3.0 (5)	2.7 (5)			1.8 (28)
いちよし		2.2 (2)	0.8 (1)	2.0 (4)	0.6 (1)	1.6 (2)	3.9 (5)	1.7 (3)	1.2 (2)	1.1 (2)	1.0 (1)		1.5 (23)
東海東京				1.5 (3)	1.1 (2)	1.6 (2)	1.6 (2)	0.6 (1)	2.4 (4)	2.1 (4)	3.0 (3)	2.9 (1)	1.4 (22)
東洋				1.5 (3)		0.8 (1)	3.9 (5)	1.7 (3)	0.6 (1)	1.6 (3)	2.0 (2)		1.2 (18)
ディー・ブレイン						0.8 (1)	0.8 (1)	0.6 (1)	1.8 (3)	3.7 (7)	1.0 (1)		0.9 (14)
新日本	5.9 (3)	2.2 (2)	4.8 (6)										0.7 (11)
コスモ	2.0 (1)					0.8 (1)	0.8 (1)	1.1 (2)	1.8 (3)	1.1 (2)			0.6 (10)
明光ナショナル					2.3 (4)	3.2 (4)							0.5 (8)
つばさ				3.0 (6)	0.6 (1)								0.4 (7)
勧角	3.9 (2)	2.2 (2)	1.6 (2)										0.4 (6)
和光	3.9 (2)		1.6 (2)										0.3 (4)
東海丸万		3.2 (3)	0.8 (1)										0.3 (4)
楽天									0.6 (1)	1.6 (3)			0.3 (4)
マネックス									1.8 (3)	0.5 (1)			0.3 (4)
SBIイー・トレード（旧イー・トレード）									0.6 (1)	1.6 (3)	1.0 (1)		0.3 (5)
岡三									0.6 (1)		2.0 (2)		0.2 (3)
山一	3.9 (2)												0.1 (2)
NIS									0.6 (1)	0.5 (1)			0.1 (2)
第一		1.1 (1)											0.1 (1)
丸三			0.8 (1)										0.1 (1)
ライブドア								0.6 (1)					0.1 (1)
丸八									0.6 (1)				0.1 (1)
オリックス										0.5 (1)			0.1 (1)
IPO											1.0 (1)		0.1 (1)
インヴァスト（旧KOBE）						0.8 (1)	2.3 (3)	1.1 (2)	2.4 (4)	0.5 (1)	1.0 (1)		0.8 (12)
そしあす											1.0 (1)		0.1 (1)
高木												2.9 (1)	0.1 (1)
合計	100.0 (51)	100.0 (93)	100.0 (125)	100.0 (201)	100.0 (175)	100.0 (124)	100.0 (128)	100.0 (176)	100.0 (169)	100.0 (188)	100.0 (99)	100.0 (34)	100.0 (1,563)
	9	9	10	14	16	19	18	19	22	21	17	9	

左の数値は主幹事シェア（単位%），右の括弧内数値は主幹事回数を示している．年度内に合併した証券会社が合併までに引き受けた IPO は，合併後の証券会社が引き受けたものとみなして主幹事経験回数，主幹事シェアを算出している．共同主幹事の場合，筆頭主幹事でなくても主幹事回数としてカウントしている．空白はその年度に主幹事を務めていないことを表す．

村,大和,日興)の主幹事シェアが高いことがわかる[7].すなわち,日本のIPO引受市場は依然として寡占的といえるであろう.IPO引受市場において寡占力を持つ証券会社は,公開価格の設定に際して対公開企業交渉力を持つと考えられる.

以上のことから次の利益相反仮説を提示する.

利益相反仮説:対公開企業交渉力の高く,かつ売買業務が主たる収入源であるような総合証券会社が引受主幹事を務めた場合,公開企業の利益を犠牲にして過小値付けした新規公開株を,日頃からの上顧客である投資家に割り当てることで利益供与を図り,彼らと長期にわたって友好的な関係を築こうとする.

次節では,この仮説の検証を行う.

3.4 利益相反仮説の検証

3.4.1 検証方法

本節では,利益相反仮説の妥当性を検証するために,利益相反仮説から導かれる変数を説明変数,初期収益率 (IR) を被説明変数とする回帰分析を行う.

利益相反仮説から導かれる変数

利益相反仮説が正しければ,IPO引受市場において寡占力を持ち,かつ売買業務が主たる収入源であるような証券会社が引受主幹事を務め

---

[7] ややデータは古いものの Bajaj, Chen and Mazumdar (2008) の Table 1 によれば,米国における 1980 年から 1997 年までの各年で主幹事を務めた証券会社(投資銀行)数は,最大で 1997 年の 124 社(IPO 件数は 407 件),最小で 1989 年と 1990 年の 39 社(IPO 件数はそれぞれ 108 件,110 件)である.ここからも,日本のIPO引受市場が寡占的であることがうかがえる.

た場合，公開企業の利益を犠牲にして大口投資家に利益を図るために公開価格を意図的に低く設定すると予測される．もし IPO 引受市場における寡占力がないならば，たとえ大口投資家を抱えていたとしても，対公開企業交渉力が弱いため，公開価格を低く設定することはできない．このことから，引受市場で寡占力を持つ大手 3 大証券会社が引受主幹事を務める場合，その他証券会社が主幹事を務める場合と比べて，利益相反のインセンティブは高く，したがって，初期収益率は高くなると予測される．そこで，大手 3 大証券会社が引受主幹事を務める IPO であるならば 1，そうでなければ 0 をとる大手 3 大証券会社ダミー変数 (BIG3) を説明変数に採用する．予想される符号は正である．

しかしながら，大手 3 大証券会社の行動に構造変化がおこるかもしれない．そこで，ここでは，銀行系証券会社が IPO 引受市場に参入した 2000 年度を起点として 2007 年度までの各年度を構造変化の候補とするモデルを計測する．具体的には，2000 年度以降の IPO を 1，それ以外を 0 とするダミー変数 (FY00_FY08)，2001 年度以降の IPO を 1，それ以外を 0 とするダミー変数 (FY01_FY08) というように，以下，同様に作成するダミー変数を FY07_FY08 まで用意する．そして，BIG3 とこのダミー変数の交差項を説明変数に加える．もし交差項が有意であるならば，その年度に証券会社の行動に構造変化が起こったことが示唆される．

新規参入の銀行系証券会社は，少なくとも単独では対公開企業交渉力がない．しかし，銀行系証券会社が主幹事を務める場合，その主幹事のグループ銀行は，発行会社と貸出関係にあると予想される．この場合，当該銀行系証券会社の対公開企業交渉力は高くなると考えられる．そして，たとえ引受業務に特化している銀行系証券会社であっても，銀行グループ全体でみれば，銀行業務の顧客である企業や大口預金者に利益供与する可能性がある．このことから，その他既存証券会社が主幹事を務める場合と比べて，初期収益率は高くなる可能性があ

る．そこで，銀行系証券会社が引受主幹事を務めるIPOであるならば1，そうでなければ0をとる銀行系証券会社ダミー変数 (BANK) を説明変数に採用する．ここで，銀行系証券会社は，興銀証券，富士証券，みずほ証券，みずほインベスター証券，新光証券，東京三菱証券，UFJキャピタルマーケッツ証券，UFJつばさ証券，三菱証券，三菱UFJ証券，SMBCフレンド証券と定義している．もし銀行グループ全体で利益相反を起こしているとしたら，予想される符号は正である[8]．

また，外資系証券会社も新規参入であるため，IPO引受市場における市場支配力がない．それだけでなく，外資系証券会社が引受主幹事を務める場合，売買業務の占める割合が低いために利益供与を図るべき大口投資家が存在しないと考えられる[9]．このことから，その他既存証券会社が主幹事を務める場合と比べて，利益相反のインセンティブは低く，したがって，初期収益率は低くなることが予想される．そこで，外資系証券会社が主幹事を務めるIPOであるならば1，そうでないならば0をとる外資系証券会社ダミー変数 (FOREIGN) を説明変数に採用する．予想される符号は負である．

まず，利益相反仮説のメインの変数であるBIG3を使用して潜在的な構造変化の可能性を考慮に入れない計測，入れた計測の両方を行う．次に，BIG3，BANK，FOREIGNを使用して，潜在的な構造変化の可能性を考慮に入れない計測，入れた計測の両方を行う．

---

[8] 新光証券は既存証券会社の新日本証券と和光証券が合併して設立された証券会社である．そのため，銀行系証券会社に含めることに異論があるかもしれない．そこで，銀行系証券会社に新光証券を含めずに以下の分析を行ったが，得られる結果に大きな違いはなかった．

[9] 外資系証券会社のうち唯一収入データが得られたメリルリンチ日本証券は，1997年に破綻した山一證券の営業基盤を引き継いだため，受入手数料に占める委託手数料の割合が引受手数料の割合よりも高い．ただし，受入手数料のうち最も大きな割合を占めているのはその他の取り扱い手数料である．

コントロール変数

初期収益率に影響を与えると考えられるその他の要因を考慮するために，コントロール変数として以下を説明変数に加える．公開時に市場が上昇局面にあるとき，初期収益率は高くなることが過去の実証研究で指摘されている．そこで，公開日の −61 営業日から −1 営業日までのジャスダック指数の終値の変化率で測った市場収益率(MR) を説明変数に加える[10]．予想される符号は正である．

逆選択仮説によれば，情報優位の投資家と情報劣位の投資家との間の情報の非対称性の程度（以下，情報ギャップ）が大きい銘柄ほど，初期収益率は高くなると考えられる（たとえば，Beatty and Ritter, 1986）．情報ギャップの程度を表す指標として企業の年齢や規模が採用されることが多い．ここでもこの慣例に従い，企業年齢を設立から公開までの所要年数(AGE) とし，企業規模を公開前直近決算期の資産総額(ASSETS) とする[11,12]．なお，企業年齢，企業規模ともに対数をとったものを説明変数として採用する．若くて規模が小さい企業ほど情報ギャップの程度が大きく，したがって初期収益率が高くなると考えられる．よって，企業年齢，企業規模ともに符号条件は負である．

売出株数が大きいほど，過小値付けによる既存株主の富の損失は大きくなる．多くの売出を計画している既存株主（主としてオリジナルオーナー）は，過小値付けを小さくしてほしいと考える（たとえば，Habib and Ljungqvist, 2001）．そこで，売出株数を新規公開株数（＝売

---

[10]ジャスダック指数を使用したのは，ジャスダック市場の IPO 件数が最も多いためである．

[11]Beatty and Ritter (1986) のように，逆選択仮説の計測では，企業規模に発行総額（＝公開価格×公開株数）を用いるのが一般的であるが，公開価格を決定するモデルにおいてこれは内生変数なので，これを説明変数とすることには問題がある．そこで，ここでは代わりに規模として資産総額を採用する．

[12]資産総額は，日経ポートフォリオマスター付属データベース，および日経 NEEDS 財務データ（単独本決算）から入手した．ただし，外国企業については単独ベースの資産総額が得られなかったため，代わりに連結ベースの資産総額を使用した．

出株数+公募株数）で除したもの (INSIDE) を説明変数に加える．この比率が大きい IPO ほど初期収益率が小さくなると考えられるため，予想される符号は負である．

また，上場する市場の違いを考慮するために，市場に応じたダミー変数を説明変数に加える．具体的には，レファレンスをジャスダックとし，マザーズ (MTH)，ヘラクレス（旧ナスダックジャパン）(NASJ_HRLS)，東証 1 部 (TSE1)，東証 2 部 (TSE2)，その他の証券取引所 (OHTERS) に対応するダミー変数を加える[13]．

これに 1999 年度の IT バブルのような公開時期固有の要因を考慮するために，公開年度に応じたダミー変数(FYt, $t = 1999, 2000, \ldots, 2008$) を説明変数に加える．レファレンスは 1998 年度である．

分析対象・データ・計測方法

分析対象は 1998 年度から 2008 年度までにおける全市場の IPO である．1997 年度は制度の移行期と考え，分析から除外した．したがって，分析対象となる証券会社は，1997 年度を除く，1998 年度から 2008 年度までに IPO の引受主幹事を務めた証券会社である[14]．

IPO の条件，公開企業の属性に関するデータは，Tokyo IPO のウェブページ，ならびに個別 IPO ごとの目論見書から入手している[15]．

計測式はすべて線形である．たとえば，Model 1 は，

$$IR_i = \beta_{intercept} + \beta_{BIG3} \cdot BIG3_i + \beta_{MR} \cdot MR_i + \beta_{ASSETS} \cdot \log(ASSETS_i)$$
$$+ \beta_{AGE} \cdot \log(AGE_i) + \beta_{INSIDE} \cdot INSIDE_i + \beta_{MTH} \cdot MTH_i$$
$$+ \beta_{NASJ\_HRLS} \cdot NASJ\_HRLS_i + \beta_{TSE1} \cdot TSE1_i + \beta_{TSE2} \cdot TSE2_i$$

---

[13] その他証券取引所には，大証 2 部，名証 2 部，セントレックス，Q-Board，アンビシャス，NEO，広証，大証新市場部が含まれる．

[14] ただし，海外にすでに上場している 2 社を分析対象から除外している．

[15] Tokyo IPO ウェブページは http://www.tokyoipo.com/ である．

$$+\beta_{OTHERS} \cdot OTHERS_i + \sum_{t=1999}^{2008} \beta_{FYt} \cdot FYt_i + \epsilon_i$$

である．そして，Model 1 に交差項 BIG3・FY0X_08(X=0,1,…,7) を選択的に加えた計測式を用意する（Model 2 から Model 9）．また，Model 10 は，Model 1 に BANK と FOREIGN を加えたものである．そして，Model 10 に交差項 BIG3・FY0X_08(X=0,1,…,7) を選択的に加えた計測式を用意する（Model 11 から Model 18）．これらの計測式を OLS によって推計する．t 値の算出には分散の不均一性を考慮すべく White の標準誤差を用いている．なお，分析に使用する変数の記述統計量は表 3.2 にまとめられている．

3.4.2 検証結果

検証結果は表 3.3 と表 3.4 に示されている．表 3.3 の Model 1 から Model 9 は，メインの変数である BIG3 を使用した計測である．また，表 3.4 の Model 10 から Model 18 は，BANK と FOREIGN を加えた計測である．

まず，表 3.3 の Model 1 から Model 9 までの計測結果をみていく．Model 1 をみると，BIG3 の係数は有意ではなく，利益相反仮説を支持する結果とはいえない．しかし，この結果は，構造変化の可能性を考慮していないために生じたものかもしれない．そこで，大手3大証券会社の行動に構造変化があったかどうかみてみよう．2000 年度に構造変化が起きたと想定する Model 2 をみると，交差項 BIG3・FY00_FY08 の係数は有意ではない．同様に，Model 3, Model 8, Model 9 も交差項は有意ではない．一方，2002 年度に構造変化が起きたと想定する Model 4 をみると，交差項 BIG3・FY02_FY08 の係数は 10％ 水準で有意で負，2003 年度に構造変化が起きたと想定する Model 5 をみると，交差項 BIG3・FY03_FY08 の係数は 5％ 水準で有意で負，2004 年度に構造変

表 3.2 記述統計量

	観測数	平均値	標準偏差	最小値	Q1	中央値	Q3	最大値	IQR
IR	1510	0.644	1.048	-0.643	0.022	0.278	0.933	8.636	0.911
BIG3	1510	0.608	0.488	0.000	0.000	1.000	1.000	1.000	1.000
BIG3·FY00_FY08	1510	0.484	0.500	0.000	0.000	0.000	1.000	1.000	1.000
BIG3·FY01_FY08	1510	0.395	0.489	0.000	0.000	0.000	1.000	1.000	1.000
BIG3·FY02_FY08	1510	0.321	0.467	0.000	0.000	0.000	1.000	1.000	1.000
BIG3·FY03_FY08	1510	0.272	0.445	0.000	0.000	0.000	1.000	1.000	1.000
BIG3·FY04_FY08	1510	0.232	0.423	0.000	0.000	0.000	0.000	1.000	0.000
BIG3·FY05_FY08	1510	0.172	0.377	0.000	0.000	0.000	0.000	1.000	0.000
BIG3·FY06_FY08	1510	0.111	0.315	0.000	0.000	0.000	0.000	1.000	0.000
BIG3·FY07_FY08	1510	0.052	0.221	0.000	0.000	0.000	0.000	1.000	0.000
BANK	1510	0.228	0.420	0.000	0.000	0.000	0.000	1.000	0.000
FOREIGN	1510	0.015	0.120	0.000	0.000	0.000	0.000	1.000	0.000
MR	1510	0.008	0.162	-0.383	-0.107	-0.021	0.097	0.595	0.205
log(AGE)	1510	2.755	0.905	-0.320	2.073	2.900	3.472	4.554	1.399
log(ASSETS)	1510	8.584	1.539	4.060	7.499	8.482	9.441	15.741	1.942
INSIDE	1510	0.379	0.223	0.000	0.231	0.400	0.500	1.000	0.269
MTH	1510	0.164	0.370	0.000	0.000	0.000	0.000	1.000	0.000
NASJ_HRLS	1510	0.144	0.351	0.000	0.000	0.000	0.000	1.000	0.000
TSE1	1510	0.042	0.200	0.000	0.000	0.000	0.000	1.000	0.000
TSE2	1510	0.085	0.279	0.000	0.000	0.000	0.000	1.000	0.000
OTHERS	1510	0.093	0.290	0.000	0.000	0.000	0.000	1.000	0.000
FY1998	1510	0.062	0.240	0.000	0.000	0.000	0.000	1.000	0.000
FY1999	1510	0.082	0.275	0.000	0.000	0.000	0.000	1.000	0.000
FY2000	1510	0.131	0.338	0.000	0.000	0.000	0.000	1.000	0.000
FY2001	1510	0.115	0.319	0.000	0.000	0.000	0.000	1.000	0.000
FY2002	1510	0.082	0.275	0.000	0.000	0.000	0.000	1.000	0.000
FY2003	1510	0.083	0.276	0.000	0.000	0.000	0.000	1.000	0.000
FY2004	1510	0.114	0.318	0.000	0.000	0.000	0.000	1.000	0.000
FY2005	1510	0.111	0.314	0.000	0.000	0.000	0.000	1.000	0.000
FY2006	1510	0.124	0.330	0.000	0.000	0.000	0.000	1.000	0.000
FY2007	1510	0.066	0.248	0.000	0.000	0.000	0.000	1.000	0.000
FY2008	1510	0.023	0.148	0.000	0.000	0.000	0.000	1.000	0.000

IR は初期収益率，BIG3 は大手 3 大証券会社ダミー，BIG3·F0X_FY08 は大手 3 大証券会社ダミーと 200X 年度以降の IPO の場合 1 をとるダミー変数との交差項 (X=0,1,…,8)．FOREIGN は外資系証券会社ダミー，MR は市場収益率，log(AGE) は企業年齢の自然対数値，log(ASSETS) は資産総額の自然対数値，INSIDE は売出比率である．MTH，NASJ_HRLS，TSE1，TSE2，OTHERS はそれぞれマザーズ，ヘラクレス（旧ナスダックジャパン），東証 1 部，東証 2 部，その他の証券取引所に対応するダミー変数である．また，FY は各年度に対応するダミー変数である．

第 3 章　IPO における大手証券会社の引受と初期収益率

表 3.3　検証結果：Model 1 から Model 9

被説明変数：	IR								
	Model 1	Model 2	Model 3	Model 4	Model 5	Model 6	Model 7	Model 8	Model 9
BIG3	0.061 [1.212]	0.125 [0.606]	0.206 [1.961]*	0.183 [2.299]**	0.186 [2.820]***	0.192 [3.231]***	0.141 [2.525]**	0.063 [1.117]	0.049 [0.933]
BIG3·FY00_FY08		-0.072 [-0.339]							
BIG3·FY01_FY08			-0.193 [-1.624]						
BIG3·FY02_FY08				-0.194 [-1.950]*					
BIG3·FY03_FY08					-0.233 [-2.453]**				
BIG3·FY04_FY08						-0.292 [-2.946]***			
BIG3·FY05_FY08							-0.244 [-2.233]**		
BIG3·FY06_FY08								-0.012 [-0.103]	
BIG3·FY07_FY08									0.129 [0.976]
MR	2.101 [9.918]***	2.104 [9.838]***	2.118 [9.857]***	2.117 [9.910]***	2.112 [9.923]***	2.133 [9.987]***	2.109 [9.956]***	2.102 [9.878]***	2.098 [9.874]***
log(ASSETS)	-0.202 [-9.377]***	-0.202 [-9.378]***	-0.201 [-9.350]***	-0.202 [-9.382]***	-0.201 [-9.348]***	-0.202 [-9.429]***	-0.203 [-9.412]***	-0.202 [-9.371]***	-0.202 [-9.373]***
log(AGE)	-0.093 [-3.023]***	-0.092 [-2.965]***	-0.093 [-3.019]***	-0.093 [-3.040]***	-0.095 [-3.112]***	-0.095 [-3.116]***	-0.093 [-3.033]***	-0.093 [-3.031]***	-0.092 [-2.990]***
INSIDE	-0.347 [-2.805]***	-0.348 [-2.817]***	-0.340 [-2.728]***	-0.337 [-2.704]***	-0.329 [-2.625]***	-0.321 [-2.561]**	-0.330 [-2.639]***	-0.346 [-2.782]***	-0.347 [-2.802]***
(Intercept)	2.609 [11.399]***	2.558 [8.548]***	2.484 [9.893]***	2.514 [10.626]***	2.502 [10.697]***	2.509 [10.898]***	2.548 [11.113]***	2.607 [11.304]***	2.610 [11.411]***
MARKET_DUMMY	YES	YES	YES	YES	YES	YES	YES	YES	YES
FY_DUMMY	YES	YES	YES	YES	YES	YES	YES	YES	YES
adj.R^2	0.289	0.289	0.290	0.290	0.291	0.293	0.291	0.289	0.289
F-stat.	22.913***	21.851***	21.892***	21.868***	21.888***	22.117***	21.991***	21.811***	21.774***
num.of obs.	1510	1510	1510	1510	1510	1510	1510	1510	1510

上段は推定された係数，下段括弧内は t 値である．ここで，t 値は White の標準誤差を用いて算出している．被説明変数は初期収益率 (IR) である．BIG3 は大手 3 大証券会社ダミー，BIG3·FY0X_FY07 は大手 3 大証券会社ダミーと 200X 年度以降の IPO の場合 1 をとるダミー変数との交差項 (X=0, 1, ..., 7)．MR は市場収益率，LOG(AGE) は企業年齢の自然対数値，LOG(ASEETS) は資産総額の自然対数値，INSIDE は売出比率である．FY_DUMMY と MARKET_DUMMY の YES は，それぞれ年度に応じたダミー変数と上場市場に応じたダミー変数を加えた計測であることを示す．adj.R^2 は自由度修正済決定係数，F-stat. は F 統計量，num. of obs. は観測数である．***，**，*はそれぞれ 1%，5%，10%水準で有意あることを示す．

化が起きたと想定する Model 6 をみると，交差項 BIG3・FY04_FY08 の係数は 1% 水準で有意で負，2005 年度に構造変化が起きたと想定する Model 7 をみると，交差項 BIG3・FY05_FY08 の係数は 5% 水準で有意で負となっている．このことは，大手 3 大証券会社の行動に構造変化が起こっていることを示唆する．したがって，構造変化を捉えていない Model における BIG3 の係数は意味を持たないと考えられる．

さらに，Model 4，Model 5，Model 6，Model 7 の交差項を比較する

表 3.4　検証結果：Model 10 から Model 18

被説明変数：					IR				
	Model 10	Model 11	Model 12	Model 13	Model 14	Model 15	Model 16	Model 17	Model 18
BIG3	0.107 [1.424]	0.140 [0.672]	0.218 [1.941]*	0.198 [2.148]**	0.201 [2.411]**	0.208 [2.610]***	0.167 [2.141]**	0.105 [1.306]	0.097 [1.273]
BIG3·FY00_FY08		-0.040 [-0.188]							
BIG3·FY01_FY08			-0.173 [-1.457]						
BIG3·FY02_FY08				-0.173 [-1.729]*					
BIG3·FY03_FY08					-0.211 [-2.201]**				
BIG3·FY04_FY08						-0.274 [-2.735]***			
BIG3·FY05_FY08							-0.224 [-2.044]**		
BIG3·FY06_FY08								0.016 [0.145]	
BIG3·FY07_FY08									0.155 [1.162]
BANK	0.088 [1.066]	0.084 [1.035]	0.057 [0.691]	0.058 [0.694]	0.054 [0.650]	0.050 [0.599]	0.064 [0.770]	0.090 [1.102]	0.095 [1.138]
FOREIGN	-0.165 [-1.258]	-0.169 [-1.300]	-0.187 [-1.431]	-0.170 [-1.290]	-0.144 [-1.094]	-0.133 [-1.012]	-0.143 [-1.068]	-0.166 [-1.261]	-0.170 [-1.294]
MR	2.101 [9.812]***	2.102 [9.759]***	2.113 [9.772]***	2.113 [9.814]***	2.109 [9.822]***	2.129 [9.890]***	2.107 [9.852]***	2.100 [9.770]***	2.096 [9.767]***
log(ASSETS)	-0.203 [-9.287]***	-0.203 [-9.290]***	-0.201 [-9.222]***	-0.203 [-9.272]***	-0.201 [-9.235]***	-0.203 [-9.311]***	-0.203 [-9.300]***	-0.203 [-9.293]***	-0.203 [-9.291]***
log(AGE)	-0.094 [-3.058]***	-0.094 [-3.007]***	-0.094 [-3.051]***	-0.094 [-3.067]***	-0.096 [-3.127]***	-0.096 [-3.132]***	-0.094 [-3.060]***	-0.094 [-3.056]***	-0.093 [-3.018]***
INSIDE	-0.345 [-2.799]***	-0.345 [-2.803]***	-0.337 [-2.723]***	-0.335 [-2.704]***	-0.328 [-2.638]***	-0.320 [-2.574]**	-0.329 [-2.649]***	-0.346 [-2.791]***	-0.344 [-2.797]***
(Intercept)	2.574 [11.041]***	2.547 [8.502]***	2.471 [9.815]***	2.498 [10.473]***	2.489 [10.529]***	2.494 [10.684]***	2.527 [10.848]***	2.576 [10.987]***	2.573 [11.047]***
MARKET_DUMMY	YES	YES	YES	YES	YES	YES	YES	YES	YES
FY_DUMMY	YES	YES	YES	YES	YES	YES	YES	YES	YES
adj.R²	0.289	0.289	0.290	0.290	0.291	0.292	0.291	0.289	0.289
F-stat.	20.984***	20.118***	20.118***	20.102***	20.093***	20.276***	20.187***	20.062***	20.036***
num.of obs.	1510	1510	1510	1510	1510	1510	1510	1510	1510

上段は推定された係数，下段括弧内は t 値である．ここで，t 値は White の標準誤差を用いて算出している．被説明変数は初期収益率 (IR) である．BIG3 は大手 3 大証券会社ダミー，BIG3·FY0X_FY07 は大手 3 大証券会社ダミーと 200X 年度以降の IPO の場合 1 をとるダミー変数との交差項 (X=0, 1, …, 7)．BANK は銀行系証券会社ダミー，FOREIGN は外資系証券会社ダミー，MR は市場収益率，LOG(AGE) は企業年齢の自然体数値，LOG(ASEETS) は資産総額の自然体数値，INSIDE は売出比率である．FY_DUMMY と MARKET_DUMMY の YES は，それぞれ年度に応じたダミー変数と上場市場に応じたダミー変数を加えた計測であることを示す．adj.R^2 は自由度修正済決定係数，F-stat. は F 統計量，num. of obs. は観測数である．***，**，*はそれぞれ 1％，5％，10％水準で有意あることを示す．

と，係数の有意性の観点から，2004 年度に構造変化が起きたとする Model 6 を採用するのが妥当であると考えられる．そこで，Model 6 をみると，BIG3 の係数は，1％水準で有意で予想される符号条件を満たしている．よって，2003 年度まで大手 3 大証券会社が引受主幹事を務めると初期収益率が高くなるといえる．この結果は，利益相反仮説を支持するものである．さらに，BIG3 の係数と BIG·FY04_FY08 の係

数の和は 0 と有意に異ならない[16]．これは，2004 年度以降では，大手 3 大証券会社が主幹事を務めても初期収益率が高くならないことを意味している．

次に，BANK と FOREIGN を説明変数に加えた Model 10 から Model 18 までの計測結果をみていく．先ほどと同様の議論から，Model 15 を採用する．Model 15 の BANK の係数は有意ではない．これは，銀行系証券会社がグループ銀行の顧客に対して利益を供与するような行動をとっていないことを表したものであろう．また，FOREIGN の係数も有意ではない．これは，新規参入の外資系証券会社であっても利益供与を図るべき投資家が存在し，既存証券会社と大差がないことを表した結果かもしれない．BIG3 の係数と BIG・FY04_FY08 の係数に関しては，Model 6 と同様の結果といえる[17,18]．

3.4.3 結果の解釈

以上をまとめると，外資系証券会社に関しては，利益相反仮説を支持する結果が得られなかった．一方，大手 3 大証券会社に関しては，2003 年度まで，利益相反仮説を支持する結果が得られた．すなわち，2003 年度まで，大手 3 大証券会社は IPO 引受市場における寡占力を背景に意図的に過小値付けしていたと考えられる．しかし，2004 年度以降はこのような証拠がみられなくなる．

では，なぜ 2004 年度以降では利益相反の証拠がみられなくなるのであろうか．

---

[16] χ^2 統計量は 1.4985（p 値 0.2209）である．
[17] Model 15 でも，BIG3 の係数と BIG・FY04_FY08 の係数の和は 0 と有意に異ならない．χ^2 統計量は 0.3997（p 値 0.5272）である．
[18] 主幹事経験が少ない証券会社を分析対象に含めると頑健な結果が得られない可能性がある．そこで，この潜在的なノイズを排除するために，全サンプルから通算で主幹事経験が 5 回未満の証券会社を除いた（すなわち，彼らが主幹事を務めた IPO を除いた）ものをサブサンプルとした検証も行った．結果は，全サンプルを対象としたものと同様であった．

図 3.2 IPO 引受市場のハーフィンダール指数

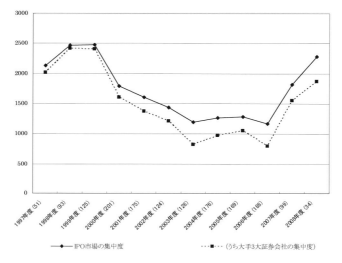

各年度のハーフィンダール指数は，主幹事シェア（共同主幹事を含む）に基づいて算出している．ただし，年度内に合併した証券会社が合併までに引き受けた IPO は，合併後の証券会社が引き受けたものとみなしている．実線は IPO の引受経験のある全証券会社のシェアに基づいて算出した指数で，破線はそのうちの大手 3 大証券会社のみに基づいて算出した指数である．なお，新日本証券は和光証券との合併により 2000 年 4 月 1 日に新光証券なったが，2000 年 4 月 4 日に公開したセテック（証券コード 6337）の引受主幹事は新日本証券となっていた．そのため，この銘柄は 1999 年度に新日本証券が引き受けたものとした．

　一つの解釈として，銀行系証券会社の参入を機に IPO 引受市場の競争度が徐々に高まり，2004 年度において大手 3 大証券会社の行動に影響を与えるほど IPO 引受市場が相対的に競争的になった可能性が挙げられる．図 3.2 は，各年度の主幹事シェアに基づいて算出した IPO 引受市場のハーフィンダール指数 (HHI) を示したものである．実線は IPO の引受主幹事を務めた全証券会社を対象にして算出した HHI を表している．これをみると，銀行系証券会社が IPO 引受市場に参入した時期である 2000 年度に大きく HHI が低下していることがわかる．そして，それ以降，2003 年度まで低下が続いていることがみてとれる．2004 年度から 2006 年度までは，低い水準で安定的に推移している．2007 年

度と 2008 年度は，HHI の上昇がみられるが，これは，IPO 件数が減少したことが影響したものであろう．また，破線は大手 3 大証券会社に対象を限定して算出した HHI である．実線と破線を比較すると，1997 年度，1998 年度，1999 年度では，大手 3 大証券会社の集中度と市場全体の集中度がほぼ一致しているが，銀行系証券会社が IPO 引受市場に参入した 2000 年度から，両者が乖離しはじめていることがわかる．そして，その乖離は 2003 年度に大きくなり，それ以降も多少の変動はあるものの維持されていることがわかる．それは，市場全体の HHI が上昇した 2007 年度，2008 年度においても同様である．このことは，大手 3 大証券会社の IPO 引受市場における地位が相対的に低くなっていることを意味している．このことから，銀行系証券会社の参入した 2000 年度を機に IPO 引受市場の競争度が高まったと判断できるであろう．大手 3 大証券会社は，特に銀行系証券会社との競争に直面したと推測される．2004 年度以降，利益相反の証拠がみられなくなったのは，同市場における大手 3 大証券会社の対公開企業交渉力が弱まり，公開価格を低く設定することが難しくなってきたことが理由かもしれない．

しかしながら，IPO 引受市場が相対的に競争的になった時期と利益相反の証拠がみられなくなる時期が整合するとはいえ，これだけで，IPO 引受市場での競争が証券会社の利益相反行動を抑えていると断定することはできない．2004 年度以降に利益相反の証拠がみられなくなった理由として他の解釈もできる．

2003 年を起点として市場は上昇局面に入る．初期収益率は公開時の市場環境に影響を受けるため，2004 年度以降の市場の上昇が初期収益率に専らの影響を与え，この時期に引受主幹事の差異が消えた可能性がある．また，これに付随する IPO ブームによって，本来上場すべきでない企業がブームに乗って公開された可能性がある．もしそうであるならば，大手 3 大証券会社は，このような質の劣る IPO 企業を得意先の投資家に割り当てることはしないと考えられる．その結果，2004

年度以降，利益相反の証拠がみられなくなったのかもしれない．

また，米国における規制の動きが，わが国の大手3大証券会社の行動に影響を与えた可能性がある[19]．IPO株の割当に関連する問題行為として，引受証券会社がIPO株の割当と引き換えに，企業幹部から見返りとして投資銀行業務の受注を求める行為（スピニング），流通市場での取引開始後に追加的な購入を顧客に約束させる行為（ラダリング），法外な手数料を顧客から得ようとする行為（キックバック）がある．これらの行為は，2002年7月のソロモン・スミス・バーニーによるIPO株のスピニング疑惑を契機として，証券取引委員会(SEC)による摘発が活発化し，2002年7月末には，全米証券業協会(NASD)が，スピニング，ラダリング，キックバックの禁止を明記したNASD規則修正案をSECに提出している（ただし，2年以上の承認待ちが続く）[20]．そして，2003年5月には，NASDとニューヨーク証券取引所が共同設立した諮問委員会により上述した3つの行為の禁止を求める提言が出され，同年10月にはNASDにより新規則が制定されている[21]．以上は，わが国における直接的な規制ではない．しかし，米国におけるIPO株の割当に関する一連の規制の流れが，2004年度以降，わが国の大手3大証券会社を利益相反行動を抑える方向に向かわせたのかもしれない．

ここでは，3つの解釈を挙げたが，2004年度以降に利益相反の証拠がみられなくなった原因を特定するにはさらなる分析が必要であろう．

---

[19] この段落は，野村 (2003, 2005)，辰巳 (2006) に依拠している．

[20] このため，特に日興ソロモン・スミス・バーニー証券は，米国での一連の規制の影響を受けたのかもしれない．

[21] 2004年12月9日には，米国証券取引委員会(SEC)が，新規公開銘柄の割当などに関する規則改正案（修正レギュレーションM）を公表している．

3.5 結語

ブックビルディング方式の IPO では，引受主幹事が新規公開株の割当に関して裁量を持つだけでなく，公開価格決定に大きく関与する．したがって，引受主幹事が自身の利益を最大にするように公開価格を決定している可能性が高い．

引受主幹事を務める日本の証券会社は，売買業務と引受業務を兼業する総合証券会社である．このため，売買業務を主たる収入源とする証券会社が引受主幹事を務めた場合，売買業務の顧客である投資家の利益を図るべく，発行企業の利益を犠牲にして公開価格を意図的に低く設定するという利益相反が起こる可能性がある．本章では，この仮説の検証を行った．その結果，2003 年度以前では，売買業務において利益供与を図るべき大口顧客を抱え，かつ引受市場で支配力を持つ大手証券会社 3 社が引受主幹事を務めた場合，初期収益率が有意に高くなるという結果を得た．

売買業務を主たる収入源とする証券会社が引受主幹事を務めた場合，潜在的な利益相反の可能性があるといえる．そして，本章の分析の結果，時期は限定されるものの，実際に利益相反の証拠が観察された．しかし，表 3.1 をみてもわかるように，売買業務を大規模に営む大手総合証券会社の引受主幹事シェアは，依然として高いといえる．なぜ利益相反を行う可能性が高い総合証券会社が引受主幹事に選択されるのであろうか．引受主幹事が売買業務を兼業していることは，公開企業にとって何かメリットはあるのであろうか．売買業務は流通市場における業務である．次章では，引受主幹事が売買業務を大規模に営んでいることが，公開後の市場流動性を向上させ，公開企業の資本コストを低下させる可能性があることを指摘する．そして，実際に，売買業務におけるシェアが高い証券会社が引受主幹事を務めると公開後の流

動性が高くなるかどうか，また，流動性の向上が資本コストを低下させているかどうかを検証する．

第 4 章　引受主幹事の売買業務シェアが IPO 後の市場流動性に与える影響

4.1　はじめに

　わが国の IPO の引受主幹事を務める証券会社は，引受業務だけでなく，売買業務も行う総合証券会社である．このような証券会社が引受主幹事を務めた場合，売買業務からの手数料収入を引き出すために IPO 株を売買業務の顧客に割り当て，意図的に公開価格を低く設定する（過小値付けする）可能性がある (Loughran and Ritter, 2002)[1]．過小値付けは，公開企業にとって，公開価格でなく公開後の市場価格で新規公開株を売却していれば，より多くの資金を入手できたこと，すなわち，機会損失を意味する．

　したがって，売買業務を兼業している証券会社は，公開企業の利益を犠牲にして公開価格を過小値付けするという潜在的な利益相反の可能性を持つ．

　前章では，時期は限定されるものの，わが国において実際に利益相反を示す証拠が得られた．それにもかかわらず，依然として，売買業務を大規模に営む大手総合証券会社の IPO 引受市場におけるシェアは高い．なぜ，このような利益相反を行う可能性の高い総合証券会社が引受主幹事に選ばれるのであろうか．引受主幹事が引受業務のほかに

　本章は，池田 (2010b) に加筆・修正を加えたものである．
[1] Reuter (2006) は，この主張と整合的な実証結果を示している．

売買業務を行うことは，公開企業にとってメリットはあるのであろうか．売買業務は流通市場における業務である．そこで，本章では，公開後の流通市場における市場流動性に着目する．そして，売買業務シェアの高い証券会社が引受主幹事を務めるIPOでは，公開後の流動性が高くなることを実証的に示す．

多くの文献で，流動性プレミアムの存在が指摘されている．投資家が流動性の低い株式に対して，高い収益率を要求するならば，これは，企業にとって資本コストが高くなることを意味する．そのため，公開企業は，売買業務シェアの高い証券会社が公開後のサービスによって流動性を向上させ，資本コストを低下させることができるならば，たとえ利益相反の可能性をはらんでいるとしても，引受主幹事に選択する可能性がある．

売買業務シェアの高い証券会社は，公開後の流通市場での流動性を上昇させることができると考えられる．たとえば，このような証券会社は，売買業務において多くの顧客（投資家）をつかんでいることが予想される．そして，このような証券会社にはセルサイド・アナリストも多く存在していると考えられる．そのため，彼らの提供するレポートなどにより，顧客に取引を促すことで，公開後の流動性を確保できる可能性がある．

本章では，売買業務シェアが高い証券会社がIPOの引受主幹事を務めた場合，公開後の流動性が高いかどうか検証を行った．その結果，主幹事の売買業務シェアが高いほど，公開後の流動性が高いという結果を得た．さらに，公開後の市場流動性の向上は，実際に資本コストを低下させているか検証した．

その結果，公開後の流動性の向上が資本コストの低下をもたらすことを示唆する結果を得た．これらの2つの結果は，売買業務シェアの高い証券会社が引受主幹事を務めた場合，IPO企業の公開後の資本コストを低い水準にする可能性を示唆する．

本章の残りの構成は以下のとおりである．4.2 節で，仮説を提示する．4.3 節で，引受主幹事の売買業務シェアが公開後の市場流動性に与える影響を分析する．4.4 節で，公開後の流動性の上昇が株価パフォーマンスに与える影響を分析することで，流動性の向上が資本コストの低下をもたらしているか確認する．そして，4.5 節で，結論を述べる．

4.2　仮説の提示

流動性プレミアムの存在を示す実証研究は多く存在する（たとえば，Pastor and Stambaugh, 2003; Liu, 2006）．もし投資家が非流動的な株式の保有に対してプレミアムを求めるならば，非流動的な株式は資本コストが高くなることを意味する．そのため，公開企業は，たとえ公開時に過小値付けを行う可能性が高い証券会社であっても，その証券会社が公開後のサービスによって流動性を向上させ，資本コストを低下させることができるならば，引受主幹事に選択する可能性がある．

売買業務シェアが高い証券会社が引受主幹事を務めた場合，売買業務の顧客の利益を図るべく，公開企業の利益を犠牲にして，過小値付けを行う可能性がある．しかし，このような証券会社は，公開後の流動性を上昇させることができるかもしれない．たとえば，セルサイド・アナリストが流動性を高める可能性がある．売買業務シェアの高い証券会社は，売買業務において多くの顧客（投資家）をつかんでいることが予想される．そして，このような証券会社にはセルサイド・アナリストも多く存在していると考えられる．そのため，彼らの提供するレポートなどにより，顧客に取引を促すことで，公開後の流動性を確

保できる可能性がある[2].

　これに関連して，公開後のアナリスト・カバレッジに着目した研究に Loughran and Ritter (2004) と Cliff and Denis (2004) がある．Loughran and Ritter (2004) は，公開企業は公開後に期待されるアナリスト・カバレッジを基準として引受主幹事を選択するという仮説 (analyst lust hypothesis) を提示している．ここで，引受主幹事は Loughran and Ritter (2002) が主張する方法で過小値付けから利益を得られると想定している．すなわち，引受主幹事は，過小値付けした IPO 株を売買業務の顧客に割り当てることで，投資家から委託手数料を引き出せると仮定する．この仮説によれば，公開企業は公開後のアナリスト・カバレッジへの対価として，引受主幹事に過小値付けというコストを進んで支払う．そして，Cliff and Denis (2004) は，過小値付けと引受主幹事のアナリスト・カバレッジとの間に正の関係があることを示し，この仮説と整合的であると主張している．アナリスト・カバレッジは，投資家の取引を活発にし，公開後の流動性を上昇させると考えられる．このことが，発行企業が過小値付けというコストを払ってでも，公開後にアナリスト・カバレッジを得ようとする一因であろう．

　また，一般にシェアは評判の代理指標とされる．売買業務を兼業する引受業者は，売買業務からの収入を得るために，IPO 株を売買業務の顧客に分配する可能性が高いと考えられる．もしそうであるならば，売買業務シェアの高い証券会社は，売買業務の顧客からの評判を維持

---

　[2]投資家間で情報の非対称性の程度が大きいほど，逆選択の問題が生じるために，取引が不活発になることが指摘されている (Easley, Kiefer, O'Hara and Paperman, 1996; Wang, 1994).　また，情報の非対称性の程度が大きい銘柄ほど，投資家の要求収益率が高くなることが示されている (Easley and O'hara, 2004)．このことから，流動性プレミアムの一部は，情報の非対称性に起因するリスクに対するプレミアムであるととらえることができる．もし，アナリストの持つ私的情報が，彼らの公表する利益予想によって公的情報になるならば，情報の非対称性の程度が小さくなる可能性がある．したがって，アナリストの存在は，情報の非対称性の緩和の観点からも，流動性を高め，資本コストを低下させる可能性がある．

するために，自己勘定による売買によって，IPO 後の流動性を確保しようとするかもしれない．

したがって，売買業務シェアが高い証券会社が引受主幹事を務める IPO では，公開後の流動性が高い可能性がある．

以上より次の仮説の提示する．

仮説．引受主幹事の売買業務シェアが高いほど，公開後の流通市場での流動性が高くなる．

次節では，この仮説の検証を行う．

4.3 引受主幹事の売買業務シェアが公開後の流動性に与える影響

4.3.1 検証方法

本節では，引受主幹事の売買業務シェアが公開後の流通市場での流動性に与える影響を分析する．そのために，被説明変数を流動性指標，説明変数を売買業務シェアとする回帰分析を行う．

流動性指標

まず，分析に使用する流動性指標を定義する．本章では，ジャスダック市場を分析対象とする．ジャスダック市場では，取引が成立しない日が多い．取引が成立しない日が多い銘柄は，売却したいときに売却できない，購入したいときに購入できない可能性の高い銘柄であるため，非流動的であるといえるであろう．そこで，分析には取引不成立日を明示的に考慮した Liu (2006) の流動性指標を用いる．Liu (2006) の

流動性指標は次の式で計算される[3,4].

$$LMx_i = \Big[\text{企業 } i \text{ の将来 } x \text{ カ月の取引不成立日数} \\ + \frac{1/(\text{企業 } i \text{ の将来 } x \text{ カ月の売買回転率})}{\text{Deflator}}\Big]$$

$$x \in \{6, 12, 24, 36\} \quad (4.1)$$

ここでは，1 カ月を 21 営業日と定義する．x カ月の売買回転率とは，日次の売買回転率の和である．ただし，日次の売買回転率は，その日の出来高をその日の発行済株式総数で除したものである．Deflator は，次の式を満たすものである．

$$0 < \frac{1/(\text{企業 } i \text{ の将来 } x \text{ カ月の売買回転率})}{\text{Deflator}} < 1 \quad (4.2)$$

ここでは，算出時点での $1/(x$ カ月の売買回転率$)$ の最大値に 1 を加えたものを Deflator として使用している．この Deflator の存在によって，いくら売買回転率が低くても取引が毎営業日で成立していれば，LMx は 1 を超えることはない．一方で，取引不成立の日が 1 日でも存在すれば，たとえそれ以外の日で取引が活発に行われていたとしても，LMx は 1 を超える．すなわち，LMx は，まず，取引不成立日数で各銘柄の流動性の高低の順序をつけたうえで，次に，取引不成立日数が同じ銘柄の中で，売買回転率に基づいて順序をつけていることになる．

市場全体の流動性が低ければ，個別銘柄の流動性も低くなることが予想される．そこで，市場全体の流動性との相対で測った流動性指標

---

[3] ただし，Liu (2006) は将来 x カ月間ではなく過去 x カ月間で LMx を定義している．この分析で将来 x カ月としているのは，IPO の場合，当然のことながら公開前に取引は行われないためである．

[4] Liu (2006) は，取引不成立日数や売買回転率を月ごとに算出しているため，調整項 $\frac{21x}{\text{全取引日数}}$ を乗じることで，最終的に 1 カ月を 21 営業日に基準化している．一方，ここでは，あらかじめから 21 営業日を 1 カ月と定義して，営業日を基準として LMx 求めているため，この調整項を乗じる必要はない．

第 4 章 引受主幹事の売買業務シェアが IPO 後の市場流動性に与える影響

を用意する．各時点における市場の平均的な流動性 ($ALMx$) を個別銘柄の標本平均とする．すなわち，

$$ALMx = \frac{1}{N}\sum_{i=1}^{N} LMx_i \quad x \in \{6, 12, 24, 36\} \qquad (4.3)$$

とする．[5] そして，IPO 銘柄の流動性指標を除したものを相対的な流動性指標 ($RLMx$) とする．すなわち，

$$RLMx_i = \frac{LMx_i}{ALMx} \quad x \in \{6, 12, 24, 36\} \qquad (4.4)$$

とする．この $RLMx$ を流動性指標として採用する．なお，これらの指標は，非流動性の指標であり，流動性が高いければ値が小さくなることに注意されたい．

ここでは，公開日から計測した $RLMx$ を被説明変数とする．また，引受主幹事の売買業務におけるシェアが高いほど，IPO 企業の公開後の市場流動性を上昇させるか否かをみるために，水準だけではなく，公開日の 12 カ月（252 営業日）後から計測した RLM12 から公開日から計測した RLM12 を減じたもの (Δ RLM) も被説明変数に採用する．

売買業務シェア

次に，売買業務シェアを定義する．証券会社 j の t 年度における売買業務シェア (B_SHARE) は，証券会社 j の t 年度における委託手数料収入をその年度に主幹事経験のある全ての証券会社の委託手数料収入の合計で除したもので定義する．

$$売買業務シェア_{j,t} \equiv \frac{委託手数料収入_{j,t}}{\sum_j 委託手数料収入_{j,t}} \qquad (4.5)$$

---

[5] 添え字 t は付けていないが，銘柄数 N は計測時点によって異なる．

ここで，ジャスダック市場だけでなく他の市場で主幹事を務めた場合も主幹事経験のある証券会社として含める．

コントロール変数

売買業務シェアのほかに，流動性に影響を与えると考えられる要因をコントロールするために以下の変数を説明変数に加える．

浮動株の割合が大きい企業のほうが流動性が高くなると考えられる．そこで，公開初日の発行済株式総数に対する新規公開株数の割合 (FLOAT) を浮動株の割合の代理指標としてコントロール変数に加える．この割合が大きい企業ほど，公開後の流動性は高くなると考えられる．したがって，予想される符号は負である．

ジャスダック証券取引所は，売買方式として，1998年12月に従来のオークション方式と選択可能な形でマーケットメイキング方式を導入した．この方式では，複数の証券会社（マーケットメイカー）が常時買い気配と売り気配を提示する．このため，この方式を採用した銘柄は，流動性が確保されると考えられる．そこで，公開時点におけるマーケットメイキング方式採用銘柄を1とするダミー変数 (MM) を説明変数に加える．予想される符号は負である[6]．

情報の非対称性は，非流動性を生み出す一つの要因であると考えられる．もし市場に私的情報を持った情報優位の投資家が存在し，そのことに情報劣位の投資家が気づいたならば，情報優位の投資家と取引をして損失を被ることを恐れ，取引に参加しなくなると考えられる．これは，非流動性をもたらす (Easley, Kiefer, O'Hara and Paperman, 1996;

---

[6] しかし，マーケットメイキング方式は十分に普及するには至らず，ジャスダック証券取引所は，2008年4月にマーケットメイキング方式を廃止して，リクイディティー・プロバイダー方式を導入している．

Wang, 1994)[7]．一般に，企業規模が大きい銘柄ほど，投資家間の情報の非対称性の程度が小さいとされる．したがって，企業規模が大きいほど，取引が活発に行われると考えられる．予想される符号は負である．ここでは，企業規模として，公開直近決算期における資産合計の自然対数値 (log(ASSETS)) を説明変数に加える．

また，情報の非対称性の程度の代理指標として，公開前の所要年数も使用されることが多い．公開までの年数が長い銘柄ほど，投資家間の情報の非対称性の程度が小さいとされる．したがって，公開までの年数が長い銘柄ほど，逆選択の問題が小さく，取引が活発に行われると考えられる．しかしながら，公開までの年数が短い企業は，成長性が高いために，早い段階で公開に至った企業であり，投資家にとって魅力のある銘柄かもしれない．この場合，公開までの年数が短い銘柄ほど，取引が活発に行われる可能性がある．以上のことから，予想される符号は不明である．ここでは，企業年齢の自然対数値 (log(AGE))を説明変数に加える．

また，IPO の時期による違いを考慮するために年度ダミー (FY DUMMY) を説明変数に加える．レファレンスは 1998 年度である．

計測式

計測式は線形に特定化する．すなわち，

$$RLMx_i = \beta_{x,Intercept} + \beta_{x,B\_SHARE} \cdot B\_SHARE_i$$
$$+ \beta_{x,FLOAT} \cdot FLOAT_i + \beta_{x,MM} \cdot MM_i$$
$$+ \beta_{x,ASSETS} \cdot \log(ASSETS_i) + \beta_{x,AGE} \cdot \log(AGE_i)$$

---

[7] Easley, Kiefer, O'Hara and Paperman (1996) は，情報優位の投資家が取引した確率を推計し，取引高が大きい銘柄はこの確率が低いことを実証的に示している．また，Wang (1994) は，投資家間の情報の非対称性の程度が増加すると取引量が減少することを理論的に示している．

$$+ \sum_{t=1999} \beta_{x,FYt} \cdot FYt_i + \epsilon_{x,i} \qquad x \in \{6, 12, 24, 36\} \qquad (4.6)$$

$$\Delta RLM_i = \delta_{Intercept} + \delta_{B\_SHARE} \cdot B\_SHARE_i + \delta_{FLOAT} \cdot FLOAT_i$$

$$+ \delta_{MM} \cdot MM_i + \delta_{ASSETS} \cdot \log(ASSETS_i)$$

$$+ \delta_{AGE} \cdot \log(AGE_i) + \sum_{t=1999} \delta_{FYt} \cdot FYt_i + \nu_i \qquad (4.7)$$

とする．ここで，$\epsilon_{x,i}$，ν_i は誤差項である．FYt は年度ダミーであり，被説明変数を RLM6 とした場合は FY2008 まで，RLM12 とした場合は FY2007 まで，RLM24 とした場合は FY2006 まで，RLM36 とした場合は FY2005 まで，そして，ΔRLM とした場合は FY2006 までを使用している．これらを OLS により推計する．なお，t 値の算出には，White の標準誤差を用いる．

4.3.2 分析対象・データ・記述統計量

対象は，ブックビルディング方式の 1998 年 4 月から 2009 年 3 月までにジャスダック市場に上場した IPO である．なお，ブックビルディング方式は 1997 年 9 月に導入されたため，1997 年度は制度の移行期と考えて分析対象からはずしている．また，分析に使用する指標が算出できない場合は，分析対象からはずしている[8]．

年度内に合併した証券会社が合併までに引き受けた IPO は，合併後の証券会社が引き受けたものとみなしている[9]．

流動性指標の算出に必要なデータは，日経 NEEDS 株価データから入手した．資産総額は，日経ポートフォリオマスター付属データベー

---

[8] たとえば，収益データが得られず，売買業務シェアが算出できなかった HSBC が引受主幹事を務めた 4 件の IPO は，分析対象からはずしている．また，$RLMx$ は将来 x か月のデータが必要となる．これが得られない IPO は対象からはずしている．

[9] 新日本証券は和光証券との合併により 2000 年 4 月 1 日に新光証券になったが，2000 年 4 月 4 日に公開したセテック（証券コード 6337）の引受主幹事は新日本証券となっていた．そのため，この銘柄は 1999 年度に新日本証券が引き受けたものとした．

ス,および日経 NEEDS 財務データから入手した.証券会社の委託手数料(売買業務から得られる手数料収入)のデータは,日経金融年報,日経 NEEDS(金融財務証券本決算),各証券会社が公表している有価証券報告書,決算短信,決算公告の単独の損益計算書から入手した.ただし,外国企業の大半(HSBC,クレディスイスファーストボストン,J・P・モルガン,ゴールドマン・サックス,USB ウォーバーグ,コメルツ,ウィット・キャピタル,モルガンスタンレー)と NIS, IPO については,データが得られなかった.これら委託手数料データが得られない証券会社については,売買業務シェアの算出の際に考慮に入れていない.2001 年度の野村証券は,決算月数が約 11 カ月(2001 年 5 月 7 日から 2002 年 3 月 31 日)であった.そのため,12/11 を乗じて 12 カ月分の委託手数料収入を推定した.1999 年度の日興ソロモンスミスバーニーは,受入手数料のデータは得られたが委託手数料のデータが得られなかった.そのため,1999 年度の受入手数料に 2000 年度の受入手数料に占める委託手数料の割合を乗じることで,1999 年度の委託手数料を推定した.

分析に使用する変数の記述統計量は表 4.1 にまとめられている.

4.3.3 計測結果とその解釈

検証結果は,表 4.2 に示されている.これをみると,被説明変数を RLM6, RLM12, RLM36 とした場合では,売買業務シェアの係数の符号は,5%水準有意で予想どおり符号は負,被説明変数を RLM24 とした場合では,1%水準有意で予想どおり符号は負である.また,被説明変数を ΔRLM とした場合でも,売買業務シェアの係数の符号は,5%水準有意で符号は負である.RLM は小さいほど流動性が高いことに留意すると,以上の結果は,引受主幹事の売買業務シェアが高いほど,公開後の流動性が高くなることを意味する.すなわち,引受主幹事が引受業務以外に売買業務を広く行っていることが,公開企業の公開後

表 4.1　記述統計量

	観測数	平均値	標準偏差	最小値	Q1	中央値	Q3	最大値	IQR
RLM6	702	0.125	0.235	0.000	0.000	0.000	0.138	1.532	0.138
RLM12	682	0.213	0.342	0.000	0.000	0.043	0.278	2.021	0.277
RLM24	566	0.314	0.450	0.000	0.006	0.097	0.431	2.182	0.425
RLM36	457	0.376	0.507	0.000	0.010	0.139	0.533	2.569	0.523
ΔRLM	564	0.199	0.401	-0.712	-0.000	0.019	0.345	2.334	0.345
FLOAT	711	0.201	0.062	0.047	0.160	0.197	0.237	0.438	0.077
B_SHARE	705	0.146	0.128	0.006	0.051	0.082	0.232	0.444	0.181
MM	711	0.280	0.449	0.000	0.000	0.000	1.000	1.000	1.000
log(ASSETS)	711	8.768	1.018	5.063	8.108	8.733	9.354	13.186	1.246
log(AGE)	711	2.991	0.742	0.675	2.543	3.108	3.577	4.542	1.034
FY1998	711	0.091	0.288	0.000	0.000	0.000	0.000	1.000	0.000
FY1999	711	0.120	0.325	0.000	0.000	0.000	0.000	1.000	0.000
FY2000	711	0.124	0.330	0.000	0.000	0.000	0.000	1.000	0.000
FY2001	711	0.141	0.348	0.000	0.000	0.000	0.000	1.000	0.000
FY2002	711	0.104	0.306	0.000	0.000	0.000	0.000	1.000	0.000
FY2003	711	0.080	0.272	0.000	0.000	0.000	0.000	1.000	0.000
FY2004	711	0.107	0.309	0.000	0.000	0.000	0.000	1.000	0.000
FY2005	711	0.086	0.280	0.000	0.000	0.000	0.000	1.000	0.000
FY2006	711	0.080	0.272	0.000	0.000	0.000	0.000	1.000	0.000
FY2007	711	0.049	0.216	0.000	0.000	0.000	0.000	1.000	0.000
FY2008	711	0.018	0.134	0.000	0.000	0.000	0.000	1.000	0.000

RLMx($x \in \{6, 12, 24, 36\}$) は流動性指標である．ΔRLM は公開後 252 営業日後から計測した RLM12 から公開日から計測した RLM12 を減じたものである．B_SHARE は売買業務シェア，FLOAT は浮動株比率の代理指標，MM はマーケットメイク方式を採用する銘柄を 1 とするダミー変数，log(ASSETS) は公開前の直前期における資産総額の自然対数値，log(AGE) は企業年齢の自然対数値である．FY は各年度に対応した年度ダミー変数である．Q1 は第 1 四分位数，Q3 は第 3 四分位数，IQR は四分位範囲を表す．

の流動性の向上や維持に役立っている可能性が示唆される．また，レポートはしていないが，引受手数料を用いて算出した引受業務シェアを売買業務シェアの代わりに説明変数に加えた計測も行った．その結果，引受業務シェアの係数は有意にならなかった．このことからも，公開後の流動性には，売買業務が影響していることがうかがえる．

しかしながら，この分析だけで，引受主幹事の売買業務シェアが高いほど，公開後の流動性が高い理由を特定することはできない．売買

表 4.2 売買業務シェアが公開後の流動性に与える影響：計測結果

被説明変数：	RLM6	RLM12	RLM24	PLM36	ΔRLM
	model 1	model 2	model 3	model 4	model 5
B_SHARE	-0.143	-0.226	-0.382	-0.375	-0.319
	[-2.149]**	[-2.484]**	[-2.764]***	[-2.086]**	[-2.292]**
FLOAT	-0.612	-0.974	-1.187	-1.360	-0.348
	[-4.695]***	[-5.366]***	[-4.659]***	[-4.388]***	[-1.415]
MM	-0.076	-0.114	-0.082	-0.111	0.056
	[-3.248]***	[-3.786]***	[-1.840]*	[-1.978]**	[1.227]
log(ASSETS)	-0.018	-0.034	-0.055	-0.043	-0.041
	[-2.421]**	[-3.129]***	[-3.295]***	[-2.037]**	[-2.867]***
log(AGE)	0.075	0.145	0.224	0.263	0.162
	[6.535]***	[8.964]***	[9.941]***	[9.001]***	[7.244]***
(Intercept)	0.311	0.413	0.588	0.496	0.285
	[4.169]***	[3.790]***	[3.655]***	[2.594]***	[1.987]**
FY_DUMMY	YES	YES	YES	YES	YES
adj.R^2	0.216	0.246	0.262	0.268	0.121
F-stat.	10.833***	13.848***	15.086***	13.986***	7.741***
num.of obs.	696	676	560	452	558

被説明変数は流動性指標 RLM6, RLM12, RLM24 である. B_SHARE は売買業務シェア, FLOAT は浮動株比率の代理指標, MM はマーケットメイク方式を採用する銘柄を 1 とするダミー変数, log(ASSETS) は公開前の直前期における資産総額の自然対数値, log(AGE) は企業年齢の自然対数値である. FY_DUMMY の YES は年度ダミー変数を説明変数に加えた計測であることを示す. 推定方法は通常最小二乗法 (OLS) で, 上段数値は推定された係数, 下段括弧内は t 値を表す. なお, t 値の算出には White の標準誤差を用いている. ***, **, *はそれぞれ 1％, 5％, 10％水準で統計的に有意であることを示す.

業務シェアが高い証券会社が主幹事を務める IPO では, 主幹事の抱えるアナリストが公開後の流動性を向上させているかもしれないし, より直接的に証券会社の自己勘定による取引がそうさせているのかもしれない. あるいは, 全く別の要因が原因かもしれない. この理由を特定するには, さらなる分析が必要となる.

次に, コントロール変数についてみていこう.

FLOAT の係数は, 被説明変数を RLM6, RLM12, RLM24, RLM36 とした場合のすべてで, 1％水準有意で予想どおり符号は負である. こ

れは，浮動株の割合が高いほど，公開後の流動性が高いことを示したものと考えられる．しかし，ΔRLM を被説明変数にした場合は，有意ではない．これは，公開時点で浮動株比率が高い銘柄であっても，段階的に流動性が上昇するわけではないことを示したものであろう．

MM の係数は，被説明変数を RLM6，RLM12 とした場合では，1％水準有意で予想どおり符号は負，被説明変数を RLM24 とした場合では，5％水準有意で予想どおり符号は負，そして，被説明変数を RLM24 とした場合では，10％水準有意で予想どおり符号は負である．これは，マーケットメイク方式を採用する銘柄の公開後の流動性が，平均的にみて高いことを示したものである．このことから，マーケットメイク方式は，流動性を確保する機能を果たしていたと考えられる．一方，被説明変数を ΔRLM にした場合は，MM の係数は有意ではない[10]．マーケットメイク方式の採用は，平均的にみて流動性を上昇させるが，将来の流動性を上昇させるわけではないことを示したものであろう．

log(ASSETS) の係数は，被説明変数を RLM12，RLM24 とした計測では，1％水準有意で予想どおり符号は負，被説明変数を RLM6，RLM36 とした計測では，5％水準有意で予想どおり符号は負である．これは，企業規模が大きい銘柄ほど，投資家間の情報の非対称性の程度が小さく，取引が活発に行われるという主張と整合的な結果である．また，被説明変数を ΔRLM とした計測でも，1％水準有意で符号は負である．公開時点での情報の非対称性の程度が，将来の流動性を上昇させるとは考えにくい．したがって，解釈は難しいが，投資家間の情報の非対称性の程度が小さい企業は大きい企業よりも，取引が活発に行われる状態が維持されることを示したものかもしれない．

一方で，log(AGE) の係数は，被説明変数を RLM6，RLM12，RLM24，

---

[10] 公開時点でマーケットメイク方式を採用していたとしても，将来，採用を中止する銘柄も存在する可能性がある．このことが結果に影響しているのかもしれない．ただし，データの制約上，採用を中止した銘柄を特定するのはできなかった．

RLM36 とした場合のすべてにおいて，1%水準有意で符号は正である．これは，公開までの年数が短い企業ほど，公開後の流動性が高いことを意味している．したがって，企業年齢は情報の非対称性の程度をとらえているというよりは，成長性をとらえていると考えられる．早期に公開に至った銘柄は，投資家にとって魅力のある銘柄であり，そのため，取引が活発になることを示した結果であると解釈できる．また，被説明変数を ΔRLM とした計測でも，1%水準有意で符号は負である．これも，成長性の高い銘柄は低い銘柄よりも，取引が活発に行われる状態が維持されることを示したものかもしれない．

4.4 公開後の流動性の上昇が株価パフォーマンスに与える影響

前節では，主幹事の売買業務シェアが高いほど，公開後の流動性が高くなることを示した．それでは，IPO 後の市場流動性の上昇は，実際に IPO 企業の公開後の資本コストを低下させているのであろうか．このことを調べるために，被説明変数をリスク調整後の株式収益率，説明変数を流動性の変化とする回帰分析を行う．もし，市場流動性の上昇が公開後の株価パフォーマンスを向上させているならば，これは資本コストが低下していることを示唆する．

4.4.1 検証方法

まず，IPO 企業 i の収益率 R_i^{IPO} とベンチマーク収益率 R_i^{BM} の差を（流動性リスク以外の）リスク調整後の収益率（異常収益率）AR_i と定義する．

$$AR_i \equiv R_i^{IPO} - R_i^{BM} \tag{4.8}$$

ここで，ベンチマークは，ジャスダックインデックス，およびIPO企業と同様の属性を持つ企業（マッチング企業）とする．後者の決定には，IPO企業の長期パフォーマンスを計測したRitter (1991)にならい，マッチングの手法を用いる．具体的には，マッチング企業として，(1) 規模マッチング企業，(2) 簿価時価比率マッチング企業，(3) 産業–規模マッチング企業，(4) 規模–簿価時価比率マッチング企業を用意する．(1) は，IPO企業と株式時価総額が最も近い企業をベンチマークとする．(2) は，IPO企業と簿価時価比率が最も近い企業をベンチマークとする．(3) は，IPO企業と東証業種コード中分類が一致する企業の中で，IPO企業と株式時価総額が最も近い企業をベンチマークとする．(4) は，既公開企業の規模を10分位し，IPO企業の規模が属する規模クラスを特定する．そして，規模クラスが一致する企業の中で，簿価時価比率が最も近い企業をベンチマークする．

マッチング企業の特定には，IPO企業の公開前直近の8月末の指標を使用する．ここで，8月末としたのは，わが国の企業は3月決算が多く，それらの決算データが完全に利用可能になると考えられるためである[11]．マッチング対象企業は，当該IPO企業の直近公開前8月末時点と初約定日に上場している企業である．ただし，IPO後36カ月（756営業日）以内の企業は除いている．

マッチング対象企業の時価総額は，IPO企業の公開前直近期の8月末の終値とその時の発行済株式数の積で算出する．また，マッチング対象企業の簿価時価比率は，8月末の株式時価総額でそれ以前の直近期の資本合計を除して算出する．なお，簿価時価比率がベンチマークの選定基準になる場合，8月末時点で簿価時価比率が負の企業，すなわち，資本合計が負の企業はマッチング対象から除外する．

IPO企業の株式時価総額は，公開日以降初めて約定した日の終値と

---

[11]詳しくは，久保田・竹原(2007)を参照されたい．

その時の発行済株式数の積で算出する．また，IPO 企業の簿価時価比率は，初約定日での株式時価総額で公開前直近期の資本合計を除して算出する．ただし，簿価時価比率がベンチマークの選定基準になる場合，簿価時価比率が負の IPO 企業はサンプルから除外する．

収益率 R_i^{IPO} と R_i^{BM} は，IPO 企業の初約定日の終値から 24 カ月（504 営業日）後の終値の価格変化率で算出する．ここで 24 カ月を 504 営業日と定義している．取引が成立していない場合は，直近の終値を使用する．

被説明変数は AR とする．説明変数は，公開後の流動性の変化とする．ここで，公開後の流動性の変化は ΔRLM である．

AR はマッチング企業の流動性の変化にも影響を受けると考えられる．そこで，ベンチマークをマッチング企業とする場合，コントロール変数として，マッチング企業の ΔRLM も説明変数として加える．この ΔRLM の計測時点は IPO 企業と同じである．以下では，この変数を M_FIRMΔRLM と表記する．また，年度ダミーをコントロール変数として説明変数に加える．

したがって，ベンチマークをジャスダックインデックスにする場合，計測式は以下のようになる．

$$AR_i = \beta_{Intercept} + \beta_{\Delta RLM} \cdot \Delta RLM_i + \sum_{t=1998}^{2006} \beta_{FYt} \cdot FYt_i + \epsilon_i \quad (4.9)$$

また，ベンチマークをマッチング企業にする場合，以下のようになる．

$$\begin{aligned}AR_i = &\beta_{Intercept} + \beta_{\Delta RLM} \cdot \Delta RLM_i \\&+ \beta_{M\_FIRM\Delta RLM} \cdot M\_FIRM\Delta RLM_i \\&+ \sum_{t=1998}^{2006} \beta_{FYt} \cdot FYt_i + \epsilon_i \end{aligned} \quad (4.10)$$

これらを OLS により計測する．なお，t 値の算出には，White の標準

表 4.3 記述統計量

	観測数	平均値	標準偏差	最小値	Q1	中央値	Q3	最大値	IQR
ジャスダックインデックス									
AR	656	0.182	2.388	-2.606	-0.578	-0.252	0.279	35.581	0.856
規模マッチング企業									
AR	655	0.327	2.609	-7.535	-0.516	-0.095	0.485	37.259	1.001
M_FIRMΔRLM	551	0.007	0.506	-2.997	-0.158	0.000	0.166	2.722	0.324
簿価時価比率マッチング企業									
AR	655	0.502	2.485	-9.398	-0.352	0.012	0.623	32.233	0.976
M_FIRMΔRLM	535	0.050	0.560	-2.519	-0.073	-0.000	0.154	4.627	0.227
産業-規模マッチング企業									
AR	651	0.342	2.541	-6.161	-0.539	-0.095	0.408	37.147	0.948
M_FIRMΔRLM	543	0.030	0.488	-3.086	-0.094	0.000	0.203	3.417	0.297
規模-簿価時価比率マッチング企業									
AR	648	0.537	2.565	-5.281	-0.332	0.073	0.691	37.338	1.024
M_FIRMΔRLM	538	0.050	0.538	-3.667	-0.041	0.000	0.128	4.427	0.169

各ベンチマークに対する AR と M_FIRMΔRLM の記述統計量を示したものである．AR は IPO 企業の収益率からベンチマークの収益率を減じて算出する．M_FIRMΔRLM は，マッチング企業の ΔRLM である．これは，当該 IPO の公開後 252 営業日後から計測した RLM12 から公開日から計測した RLM12 を減じて算出する．Q1 は第 1 四分位数，Q3 は第 3 四分位数，IQR は四分位範囲を表す．

誤差を用いる．

4.4.2 分析対象・データ・記述統計量

分析対象は，前節と同様である．ただし，分析に使用する指標が算出できない場合は，分析対象からはずしている．収益率，株式時価総額，簿価時価比率の算出に必要なデータは，日経 NEEDS 株価データ，および日経 NEEDS 財務データから入手した．収益率の算出には，分割を修正した終値を使用している．

分析に使用する変数の記述統計量は，表 4.3 にまとめられている．これをみると，どのベンチマークであっても AR は，四分位範囲に比して第 3 四分位数 (Q3) から最大値までの範囲が大きいことがわかる．このことから，AR には外れ値が含まれる可能性があると考えられる．そこで，（第 1 四分位数 Q1）-3 ×（四分位範囲 IQR）より小さい AR，（第 3 四分位数 Q3）+3 ×（四分位範囲 IQR）より大きい AR を外れ値とみ

第 4 章 引受主幹事の売買業務シェアが IPO 後の市場流動性に与える影響

表 4.4 外れ値排除後の AR の記述統計量

	観測数	平均値	標準偏差	最小値	Q1	中央値	Q3	最大値	IQR
ジャスダックインデックス									
AR	628	-0.188	0.785	-2.606	-0.601	-0.283	0.176	2.816	0.777
規模マッチング企業									
AR	620	-0.009	0.920	-3.408	-0.521	-0.123	0.384	3.473	0.905
簿価時価比率マッチング企業									
AR	620	0.107	0.874	-2.983	-0.378	-0.028	0.501	3.340	0.879
産業-規模マッチング企業									
AR	618	-0.049	0.859	-2.917	-0.555	-0.125	0.325	3.061	0.880
規模-簿価時価比率マッチング企業									
AR	617	0.148	0.896	-2.571	-0.357	0.042	0.542	3.726	0.899

外れ値排除後のサンプルについて AR の記述統計量を求めたものである.外れ値は,(第 1 四分位数 Q1)-3 ×(四分位範囲 IQR)より小さい AR,(第 3 四分位数 Q3)+3 ×(四分位範囲 IQR)より大きい AR としている.Q1 は第 1 四分位数,Q3 は第 3 四分位数,IQR は四分位範囲を表す.

なし,該当するサンプルを排除した分析も行う.以下では,全サンプルを対象とした分析の結果と外れ値排除サンプルを対象にした分析結果の両方をレポートする.なお,外れ値排除後の AR の記述統計量は表 4.4 にまとめられている.

4.4.3 計測結果とその解釈

フルサンプルを対象にした結果は表 4.5 に,外れ値排除サンプルを対象にした結果は表 4.6 に,示されている[12].

表 4.5 をみると,すべてのベンチマークで,ΔRLM の係数は,1%水準有意で符号は負である.また,表 4.6 をみても,同様の結果であることが分かる.RLM が非流動性の指標であることに留意すれば,この結果は,ΔRLM が小さくなるほど,すなわち,流動性が上昇するほど,株価パフォーマンスが高くなることを示している.したがって,流動性が向上すると資本コストが減少し,株価が上昇することを示唆する

---

[12]年度ダミーをコントロール変数として加えなくても同様の結果が得られる.

表 4.5 公開後の流動性の上昇が株価パフォーマンスに与える影響：計測結果（フルサンプル）

被説明変数：	AR				
ベンチマーク：	ジャスダックインデックス	規模マッチング企業	簿価時価比率マッチング企業	産業-規模マッチング企業	規模-簿価時価比率マッチング企業
ΔRLM	-0.410	-0.448	-0.451	-0.505	-0.570
	[-3.981]***	[-3.034]***	[-3.746]***	[-4.442]***	[-4.270]***
M_FIRMΔRLM		0.177	0.504	0.412	0.341
		[1.370]	[1.735]*	[1.340]	[1.580]
(Intercept)	-0.682	0.679	0.580	0.679	0.894
	[-3.350]***	[2.378]**	[2.568]**	[2.794]***	[3.547]***
FY_DUMMY	YES	YES	YES	YES	YES
adj.R^2	0.065	0.071	0.094	0.084	0.087
F-stat.	7.381***	3.746***	3.975***	4.243***	5.399***
num.of obs.	564	483	468	472	473

被説明変数は各ベンチマークに対する AR である．説明変数は，ΔRLM，M_FIRMΔRLM，年度ダミーである．ΔRLM は，公開後 252 営業日後から計測した RLM12 から公開日から計測した RLM12 を減じて算出する．M_FIRMΔRLM は，マッチング企業の ΔRLM である．これは，当該 IPO の公開後 252 営業日後から計測した RLM12 から公開日から計測した RLM12 を減じて算出する．FY_DUMMY の YES は年度ダミーを説明変数に加えた計測であることを示す．推定方法は通常最小二乗法 (OLS) で，上段数値は推定された係数，下段括弧内は t 値を表す．なお，t 値の算出には White の標準誤差を用いている．***，**，*はそれぞれ 1％，5％，10％水準で統計的に有意であることを示す．

結果といえるであろう．[13]

以上より，前節の結果と併せて考えれば，引受主幹事の売買業務のシェアが高い IPO では，公開企業の資本コストが低下することが示唆される．これは，公開企業にとってメリットである．

4.5 結語

わが国の IPO の引受主幹事を務める証券会社は，引受業務だけでなく，売買業務も行う総合証券会社である．本章では，引受主幹事が売買

---

[13] しかし，流動性は事後的に実現した値に基づいた指標である．そのため，第 3 の要因が，流動性の上昇とパフォーマンスの向上をともにもたらしている可能性がある．これにより，流動性の上昇とパフォーマンスとの間の見せかけの相関を捉えている可能性に留意が必要である．

第 4 章 引受主幹事の売買業務シェアが IPO 後の市場流動性に与える影響

表 4.6 公開後の流動性の上昇が株価パフォーマンスに与える影響：
計測結果（外れ値排除サンプル）

被説明変数：	AR				
ベンチマーク：	ジャスダック インデックス	規模 マッチング企業	簿価時価比率 マッチング企業	産業-規模 マッチング企業	規模-簿価時価比率 マッチング企業
ΔRLM	-0.330	-0.287	-0.304	-0.318	-0.372
	[-4.875]***	[-3.245]***	[-3.510]***	[-4.090]***	[-4.177]***
M_FIRMΔRLM		0.247	0.166	0.104	0.222
		[3.432]***	[1.780]*	[1.354]	[2.830]***
(Intercept)	-0.835	0.549	0.419	0.280	0.556
	[-5.388]***	[3.283]***	[3.104]***	[2.051]**	[4.180]***
FY_DUMMY	YES	YES	YES	YES	YES
adj.R^2	0.140	0.090	0.067	0.060	0.100
F-stat.	11.769***	5.306***	5.183***	4.399***	7.123***
num.of obs.	547	465	452	455	458

外れ値排除後のサンプルに対する計測結果である．外れ値は，（第 1 四分位数 Q1）−3 ×（四分位範囲 IQR）より小さい AR，（第 3 四分位数 Q3）+3 ×（四分位範囲 IQR）より大きい AR とし，これを満たすサンプルを排除して分析を行っている．被説明変数は各ベンチマークに対する AR である．説明変数は，ΔRLM，M_FIRMΔRLM，年度ダミーである．ΔRLM は，公開後 252 営業日後から計測した RLM12 から公開日から計測した RLM12 を減じて算出する．M_FIRMΔRLM は，マッチング企業の ΔRLM である．これは，当該 IPO の公開後 252 営業日後から計測した RLM12 から公開日から計測した RLM12 を減じて算出する．FY_DUMMY の YES は年度ダミーを説明変数に加えた計測であることを示す．推定方法は通常最小二乗法 (OLS) で，上段数値は推定された係数，下段括弧内は t 値を表す．なお，t 値の算出には White の標準誤差を用いている．***，**，* はそれぞれ 1％，5％，10％水準で統計的に有意であることを示す．

業務を兼業することが公開企業にとってメリットがあるかどうか，公開後の流動性に着目して分析を行った．

売買業務におけるシェアが高い証券会社が引受主幹事を務める IPO では，公開後の流動性が高まり，公開企業の公開後の資本コストが低下する可能性がある．そこで，まず，引受主幹事の売買業務におけるシェアが公開後の流動性に与える影響を分析した．その結果，引受主幹事の売買業務シェアが高いほど，公開後の市場流動性が高いという結果を得た．次に，実際に，公開後の流動性の向上が資本コストの低下をもたらしているかどうか分析した．その結果，流動性の向上が資本コストを低下させるという結果を得た．これらの 2 つの結果から，引受主幹事の売買業務の兼業が，公開後の資本コストの低下をもたらす

可能性が示唆される．資本コストの低下は，公開企業にとってのメリットである．したがって，売買業務を広く営む利益相反を行う可能性の高い証券会社が，依然として引受主幹事に選択されているのは，このようなメリットがあることが一因と考えられる．

　最後に，残された課題について述べておこう．本章の分析では，引受主幹事の売買業務シェアが高いほど，公開後の市場の流動性が高いことを示した．しかし，この分析だけでは，なぜ流動性が高くなるのか，その理由を特定することはできない．この原因を特定するには，さらなる分析が必要である．また，引受主幹事の売買業務の兼業が公開後の資本コストの低下をもたらす可能性を示したものの，この便益と潜在的な利益相反の可能性からくる損失を直接比較し，前者が上回る場合があることを示したわけではない．本当に資本コストの低下を享受するために売買業務を広く営む証券会社を選択していることを示すには，便益と損失を比較する必要がある．これらについては，今後の課題としたい．

第5章 IPO後の長期株価パフォーマンス

5.1 はじめに

第2章から第4章までは,過小値付けにかかわる諸問題を扱ってきた.第5章では,もう1つの未解明問題である公開後の長期アンダーパフォーマンス現象を扱う.

Ritter (1991) の指摘を端緒として,今日,公開後の長期パフォーマンスの悪さ (long-run underperformance) は,過小値付け現象と並んで,新規株式公開 (IPO) における特徴的事実の一つとして認識されている.そして,この現象を解明する試みが数多くなされている.しかし,近年の米国を対象とした研究では,規模や簿価時価比率の効果を考慮に入れれば,必ずしも公開後の長期パフォーマンスは悪いとはいえないことが指摘されている (Brav and Gompers, 1997; Gompers and Lerner, 2003). 果たして公開後の長期パフォーマンスの悪さは本当に観察されるのであろうか.

わが国に目を向けると,米国と同様,公開後の長期パフォーマンスの悪さを指摘する論文が存在する (Cai and Wei, 1997; 忽那, 2001; 阿部, 2005; テキ, 2009; 鈴木, 2009). しかし, Cai and Wei (1997) を例外として,近年の研究では,公開後のパフォーマンスが市場インデック

本章は『現代ファイナンス』2013年第33巻に掲載された池田 (2013b)「IPO後の長期株価パフォーマンス」を加筆・修正したうえで転載したものである.

スと比較して悪いことを確認しただけであり，規模や簿価時価比率の効果を考慮に入れた検証は行われていない．統計的な検定も不十分である．一般に，規模が小さい銘柄や簿価時価比率が高い銘柄に対して，プレミアムが支払われていることが指摘されている (Fama and French, 1992). もし規模や簿価時価比率が，投資家がプレミアムを求める要因を反映しているならば，その効果をコントロールしなければ，IPO企業の公開後の長期パフォーマンスが本当に悪いのかどうかを判断することはできない．また，例外的に規模や簿価時価比率の効果を考慮に入れて検証を行っている Cai and Wei (1997) は，東証のみを対象にしており，すべての市場を対象に検証しているわけではない．そこで，本章では，1997年9月以降を対象に，市場を限定せず，規模や簿価時価比率の効果をコントロールしても IPO 企業の公開後の長期アンダーパフォーマンスが観察されるか否かを統計的に検証する．その上で市場間でのパフォーマンスの違いについて比較・検討を行う．

　本章では，バイ・アンド・ホールド異常収益率を用いた検証とカレンダータイム・ポートフォリオ・アプローチによる検証の2つを行っている．バイ・アンド・ホールド異常収益率を用いた検証では，規模や簿価時価比率の効果を考慮したベンチマークを用いて検証を行っている．そこでは，Lyon, Barber and Tsai (1999) がバイアスの少ない検定として推奨しているブートストラップ法による歪度修正 t 検定と Ikenberry, Lakonishok and Vermaelen (1995) の経験分布による検定を採用している．また，異常収益率がクロスセクション方向で相関する可能性を考慮して，カレンダータイム・ポートフォリオ・アプローチによる検証も行っている．筆者が知る限り，わが国の IPO 企業を対象にして，このアプローチによる検証は行われていない．

　分析の結果を先に述べるならば，以下のようになる．バイ・アンド・ホールド異常収益率を用いた検証では，規模や簿価時価比率の効果をコントロールしても，依然として，有意に IPO 企業の公開後のアンダー

パフォーマンスが観察された．ただし，マザーズやヘラクレスと異なり，東証やジャスダックではアンダーパフォーマンスが安定的に観察されないことが明らかになった．これは，東証を分析対象にした Cai and Wei (1997) や，ジャスダック（旧店頭市場）を分析対象とした忽那 (2001) や阿部 (2005) の主張と異なる結果である．さらなる分析を行ったところ，このような結果が得られた一つの理由として，公開時の過大評価の程度が市場間で異なる可能性が示唆された．一方で，カレンダータイム・ポートフォリオ・アプローチによる検証では，反対に有意にオーバーパフォーマンスが観察された．ここでは，マザーズやヘラクレスでは有意な結果が得られない一方，東証やジャスダックでは有意にオーバーパフォーマンスが観察された．以上のことから，IPO 企業の公開後の長期アンダーパフォーマンス現象は市場によっては安定的に観察されないこと，また，採用する検証方法によって結果が異なることが明らかになった．そのため，わが国では，公開後の長期アンダーパフォーマンス現象が必ずしも安定的に観察されるわけではないと結論づけられる．

　本章の残りの構成は以下のとおりである．5.2 節では，長期パフォーマンスの検証方法を紹介したうえで，本章で採用する方法を決定する．5.3 節では，日米の長期パフォーマンスを検証した先行研究について述べる．5.4 節では，本章で使用するデータと収益率の算出方法について述べる．5.5 節では，バイ・アンド・ホールド異常収益率を用いた検証とその結果について述べ，5.6 節では，カレンダータイム・ポートフォリオ・アプローチによる検証とその結果について述べる．そして，5.7 節では，結論を述べる．

5.2 長期パフォーマンスの検証方法

5.2.1 バイ・アンド・ホールド異常収益率を用いた検証

バイ・アンド・ホールド異常収益率を用いた検証では，イベントを経験した企業とベンチマークのバイ・アンド・ホールド収益率の差をバイ・アンド・ホールド異常収益率とする．そして，イベント企業とベンチマークのバイ・アンド・ホールド収益率が統計的に有意に異なるかを検定する．

ベンチマークの選び方は，大別すると2つの方法がある．一つが単一企業をベンチマークとする方法（以下，マッチング・アプローチ）であり，もう一つが複数企業で構成されるポートフォリオをベンチマークとする方法（以下，レファレンス・ポートフォリオ・アプローチ）である．マッチング・アプローチでは，ベンチマークとして，イベントを経験した企業と属性が似た企業が選択される．ベンチマークの選択の基準となる属性は，Fama and French (1992) を論拠として，規模や簿価時価比率が使用されることが多い．レファレンス・ポートフォリオ・アプローチでは，市場インデックスや属性が似た企業群からなるポートフォリオが選択される．ここでも，ベンチマークの選定基準となる属性として，規模や簿価時価比率が使用されることが多い．

さまざまなベンチマークと検定方法のうち，どの検定がバイアスが少ない検定になるかを評価した研究に Barber and Lyon (1997) と Lyon, et al. (1999) がある．Barber and Lyon (1997) は，歪度バイアス，リバランスバイアス，新規公開企業バイアスによって，検定統計量にバイア

スが生じる可能性を指摘している[1]．そして，シミュレーションによって，経験的な棄却率が理論的な棄却率（有意水準）と乖離するか否かを検証することで，さまざまなベンチマークを評価している．その結果，マッチング・アプローチが，バイアスが少ない検定統計量になることを示している．その後，Lyon, et al. (1999) は，レファレンス・ポートフォリオ・アプローチを採用して，ブートストラップ法による歪度修正 t 検定を行った場合と Ikenberry, et al. (1995) のブートストラップ法で生成した平均異常収益率の経験分布を用いた検定を行った場合に，バイアスが小さいことを示している．また，同論文では，これらの検定方法がマッチング・アプローチよりも検定力が高いことを示している．

5.2.2 カレンダータイム・ポートフォリオ・アプローチによる検証

カレンダータイム・ポートフォリオ・アプローチでは，まず，イベントを経験した企業からなる単一のポートフォリオを構成する．そして，そのポートフォリオの月次収益率を Fama-French の 3 ファクターに時系列回帰する．その結果得られた切片の推定値が Fama-French の 3 ファクターでは説明できない部分，すなわち，異常収益率に当たる．この切片が有意にゼロと異なるかを検定し，イベントを経験した企業からなるポートフォリオに有意に異常収益率が検出されるかをみる．

5.2.3 本章で採用する検証方法

Barber and Lyon (1997)，Lyon, et al. (1999) が主張するように，バイ・

---

[1] 歪度バイアスとは異常収益率が正の歪度を持つことによって生じるバイアス，リバランスバイアスとは等加重で銘柄を組み入れたポートフォリオをベンチマークとした場合にその組み入れ比率を維持するために生じるバイアス，新規公開バイアスとはベンチマークとなるポートフォリオに新規公開企業が含まれることによって生じるバイアスである．ただし，新規公開企業バイアスは，Ritter (1991) を論拠に新規公開企業が既公開企業と比してアンダーパフォーマンスすることを前提としたものである．本章では，そもそも新規公開企業がアンダーパフォーマンスするか否かを分析対象としているため新規公開バイアスは問題とならない．

アンド・ホールド収益率は，投資家の経験する長期収益率であると考えられる．一方で，カレンダータイム・ポートフォリオ・アプローチでの検定は，帰無仮説を「平均月次異常収益率が0」とするものである．月次収益率は，必ずしも投資家が経験する長期収益率とはいえず，本当に「長期」パフォーマンスといえるのかは疑問が残る[2]．

しかし，Fama (1998) や Mitchell and Stafford (2000) が主張するように，平均月次収益率を用いることにも利点は存在する．バイ・アンド・ホールド異常収益率は，もしベンチマークが不適切である場合，複利計算によってそのバイアスが大きくなると考えられる．一方で，平均月次異常収益率は，前提とするモデルが誤りであっても，バイ・アンド・ホールド異常収益率に比べれば，バイアスが小さいと考えられる．

また，バイ・アンド・ホールド収益率を用いた検証では，異常収益率の独立性を仮定して検証を行うが，この前提が満たされていない可能性がある．企業の特定のイベントは，たとえば産業などで集中する傾向にある．その結果，クロスセクション方向で異常収益率が相関する可能性がある[3]．これに対して，カレンダータイム・ポートフォリオ・アプローチでは，イベントを経験した企業をポートフォリオとしてまとめるため，クロスセクション方向での相関が問題とならない．

以上のように，2つの検証方法は一長一短があり，どちらを採用すべきか判断することは難しい．そのため，本章では，バイ・アンド・ホールド異常収益率を用いた検証とカレンダータイム・ポートフォリオ・アプローチによる検証の両方を行う．また，バイ・アンド・ホールド異常収益率を用いた検証では，レファレンス・ポートフォリオ・アプローチに加えてマッチング・アプローチも採用する．マッチング・アプローチは，レファレンス・ポートフォリオ・アプローチと比して検

---

[2] しかし，Mitchell and Stafford (2000) は，バイ・アンド・ホールド収益率も数ある投資家の経験する収益率の1つにすぎないと主張している．

[3] Brav (2000) も異常収益率のクロスセクション方向での相関を問題視している．

定力は劣るものの，バイアスの少ない検定となることが示されている．そのため，IPO 企業と規模が近いなど，同様なベンチマークの選定基準であれば，レファレンス・ポートフォリオ・アプローチを採用するか，マッチング・アプローチを採用するかによって，原則的には結果は異ならないと推測される[4]．もし，異なる結果が観察されるならば，その理由の一つとして，いずれかのベンチマークが適切でなく，十分にリスクをコントロールできていない可能性が考えられる．この可能性を視野に入れて，レファレンス・ポートフォリオ・アプローチの結果と比較するうえで有用と考え，マッチング・アプローチも採用する．

なお，バイ・アンド・ホールド異常収益率を用いる代わりに，月次の異常収益率の累積和で定義される累積異常収益率 (cumulative abnormal return; CAR) を用いる手法も存在する．しかし，累積異常収益率は，投資家が経験する収益率を反映したものではないことに加えて，クロスセクション方向で相関する可能性がある．このため，本章では採用しない．

5.3 先行研究

5.3.1 米国の先行研究

IPO 企業の公開後の長期的なアンダーパフォーマンスを指摘した代表的な研究に Ritter (1991) と Loughran and Ritter (1995) がある．Ritter (1991) は，1975 年から 1984 年までに米国で新規株式公開した企業を対象に分析を行っている．ベンチマークは，IPO 企業と同一産業に属し，その中で規模が最も近い企業としている．そして，公開後 36 カ月間の累積異常収益率が，有意に負となることを示している．Ritter (1991)

---

[4] もちろん，レファレンス・ポートフォリオ・アプローチで有意な結果を得たとしても，検定力が低いためにマッチング・アプローチでは有意にならない可能性はある．

は，このほかにも複数のベンチマークを用いて分析を行い，どのベンチマークであっても累積異常収益率は負となることを示している．

Loughran and Ritter (1995) は，1970 年から 1990 年までに新規株式公開した企業を対象に分析を行っている[5]．ベンチマークは，IPO と規模が最も近い企業としている[6]．そして，5 年間のバイ・アンド・ホールド異常収益率が有意に負になることを示している．また，Loughran and Ritter (1995) では，カレンダータイム・ポートフォリオ・アプローチによる検証も行っている．そして，IPO 企業は有意にアンダーパフォーマンスしているという結果を得ている．

しかし，これらの研究に反して，必ずしも IPO 企業はアンダーパフォーマンスしているとはいえないことを示す論文も存在する．Brav and Gompers (1997) はベンチャーキャピタルの出資を受けているか否かに着目して，IPO 企業の公開後の長期パフォーマンスを分析している．Brav and Gompers (1997) は，1972 年から 1992 年までに新規株式公開した企業を対象に，市場インデックスや産業ポートフォリオに加えて，規模と簿価時価比率が IPO 企業のそれと近い企業で構成されるポートフォリオをベンチマークとしている．そして，このポートフォリオをベンチマークとすると，ベンチャーキャピタルの出資を受けている IPO 企業はベンチマークをオーバーパフォーマンスしていること，出資を受けていない IPO 企業はベンチマークのパフォーマンスと有意な差はないことを示している．このことから，IPO 企業と同様な規模と簿価時価比率を持つ既公開企業もパフォーマンスが悪く，公開後の長期アンダーパフォーマンスは IPO それ自体の効果ではないとしてい

---

[5] Loughran and Ritter (1995) は，既公開企業の株式発行 (SEO) した企業の長期パフォーマンスも計測している．

[6] より正確には，IPO 企業より規模が大きい企業の中で最も近い企業である．

る[7].

Gompers and Lerner (2003) は，1935 年から 1972 年までに米国で新規株式公開した企業を対象に分析を行っている．ベンチマークは市場インデックス，および IPO 企業と同様な規模と簿価時価比率を持つ企業で構成されるポートフォリオとしている．そして，バイ・アンド・ホールド異常収益率を用いた検証と累積異常収益率を用いた検証の両方を行い，前者では IPO 企業は有意にアンダーパフォーマンスする一方で，後者ではアンダーパフォーマンスは確認されないことを示している[8]．また，Gompers and Lerner (2003) は，カレンダータイム・ポートフォリオ・アプローチによる検証も行い，IPO 企業のアンダーパフォーマンスは観察されないことを示している．

5.3.2 日本の先行研究

日本において IPO 企業の公開後の長期パフォーマンスを検証した論文として，Cai and Wei (1997)，忽那 (2001)，阿部 (2005)，テキ (2009)，鈴木 (2009) が挙げられる．このうち，Cai and Wei (1997) だけが規模や簿価時価比率の効果を考慮している．Cai and Wei (1997) は，1971 年から 1992 年に東証に新規株式公開した 180 社を対象とした分析を行っている．ベンチマークには東証全市場銘柄からなるポートフォリオ，産業ポートフォリオ，規模をマッチさせた企業，時価簿価比率をマッチさせた企業，規模と時価簿価比率をマッチさせた企業，資産総額簿価と産業をマッチさせた企業の 8 つを用いている．そして，バイ・アンド・ホールド異常収益率を求め，統計的に有意に IPO 企業のアンダー

---

[7]また，カレンダータイム・ポートフォリオ・アプローチによる検証の結果，ベンチャーキャピタルの出資を受けている IPO 企業では有意なアンダーパフォーマンスは観察されないことを示している．一方で，出資を受けておらず，かつ規模が小さい IPO 企業では，有意にアンダーパフォーマンスしていることを指摘している．

[8]前者の検証では，Lyon, et al. (1999) の推奨するブートストラップ法による歪度修正済み t 検定を使用している．

パフォーマンスが観察されることを示している.

その他の研究では,市場インデックスをベンチマークとしている.また,IPO 企業が有意にアンダーパフォーマンスしているか否か統計的に検定を行っていない.忽那(2001)は,1995年と1996年に店頭市場に新規公開した企業を対象とする分析を行っている.忽那(2001)は,日経店頭平均,ジャスダック指数,日経平均株価をベンチマークとして,公開後36カ月間の累積異常収益率を算出し,新規公開企業のアンダーパフォーマンスを確認している.

阿部(2005)は,1992年から2002年にジャスダック市場(旧店頭市場)に新規株式公開した企業を対象に,公開後の長期パフォーマンスを分析している.阿部(2005)は,公開後36カ月の累積異常収益率を算出し,TOPIX,日経平均株価をベンチマークとした場合には,新規公開企業はオーバーパフォーマンスをしていることを示している.一方,ジャスダック指数をベンチマークとした場合には,新規公開企業のアンダーパフォーマンスを確認している.そして,後者の結果から,IPO 企業の公開後の長期パフォーマンスが平均的に低いと主張している[9].

テキ(2009)は,2001年から2006年に新規株式公開を行った企業を対象とする分析を行っている.そして,ベンチマークをジャスダック指数として,IPO 企業の公開後の長期パフォーマンスが低いことを確認している.

また,鈴木(2009)は,1998年から2006年までにジャスダック,マザーズ,ヘラクレスで新規株式公開した企業を対象に公開後1年間のパフォーマンスを計測している.ベンチマークは TOPIX である.その結果,バイ・アンド・ホールド異常収益率は,ジャスダックを対象にすると平均値が正であること,マザーズとヘラクレスを対象にすると

---

[9]阿部(2005)は,月次の異常収益率で複利運用したものを累積異常収益率としている.

負であること示している．また，中央値でみるといずれの市場も負であることを示している．

Cai and Wei (1997) を例外として，このように近年の日本の研究では，規模や簿価時価比率の効果をコントロールしたものは存在せず，統計的な検定も十分とはいえない．また，Cai and Wei (1997) では，分析対象を東証に限定しており，市場間で結果が異なる可能性を考慮していない．そこで，本章では，規模や簿価時価比率の効果も考慮したうえで，市場を限定せずに，実際に IPO 企業が公開後に長期的にアンダーパフォーマンスするのかを統計的に検証する．その上で市場別にサブサンプルに分けて検証を行い，結果の違いについて分析する．また，わが国を対象にした先行研究では採用されていないカレンダータイム・ポートフォリオ・アプローチによる検証も行う．

5.4 データと収益率の算出方法

5.4.1 データ

本章では，公開後 3 年間の株価パフォーマンスを計測する．採用する検証方法は 2 つである．一つは，バイ・アンド・ホールド異常収益率を用いた検証であり，もう一つは，カレンダータイム・ポートフォリオ・アプローチによる検証である．分析対象は，1997 年 9 月から 2010 年 12 月までにブックビルディング方式で新規株式公開した企業である．ただし，バイ・アンド・ホールド異常収益率を用いた検証では，3 年間（756 営業日と定義）のバイ・アンド・ホールド収益率が計測可能な 2007 年 11 月までに新規株式公開した企業を対象とする[10]．表 5.1 は分析期間の IPO 件数を市場別・年別に示したものである．市場は，東京証券取引所 1 部・2 部（東証），ジャスダック（旧店頭市場を含む），ヘ

---

[10] より正確には，2007 年 11 月 27 日までに上場した企業が対象となる．

表 5.1　年別・市場別の IPO 件数

	東証	ジャスダック	マザーズ	ヘラクレス	その他の市場	全体
1997 年	1	29	–	–	12	42
1998 年	14	62	–	–	10	86
1999 年	7	73	2	–	24	106
2000 年	24	97	27	33	22	203
2001 年	16	97	7	43	6	169
2002 年	20	68	8	24	4	124
2003 年	17	62	31	7	4	121
2004 年	22	71	56	16	10	175
2005 年	18	65	36	22	17	158
2006 年	29	56	41	37	25	188
2007 年	13	49	23	25	11	121
2008 年	7	19	12	9	2	49
2009 年	6	8	4	1	0	19
2010 年	6	10	6	–	0	22
全体	200	766	253	217	147	1583

東京証券取引所 1 部・2 部（東証），ジャスダック（旧店頭市場を含む），ヘラクレス（ナスダック・ジャパンを含む），マザーズ，その他の市場の各年の IPO 件数を示したものである．その他の市場には，大証，大証新市場部，名証，セントレックス，福証，Q-Board，札証，アンビシャス，新証，京証，広証が含まれる．

ラクレス（ナスダック・ジャパンを含む），マザーズ，その他の市場に分けている．ここで，その他の市場には，大証，大証新市場部，名証，セントレックス，福証，Q-Board，札証，アンビシャス，新証，京証，広証が含まれる．マザーズは 1999 年 11 月に開設され，ヘラクレスの前身のナスダック・ジャパンは 2000 年 5 月に開設されたため，それより前の IPO は存在しない．この表をみると，年によって IPO 件数がばらつくこと，また，市場別ではジャスダックの件数が最も多いことがわかる．

　収益率のデータは，金融データソリューションズ社「日本株式日次リターンデータ」の「配当込み収益率」を使用した．また，株式時価総額の算出に必要な終値と発行済株数もそれぞれ同データベースの「終値」と「普通株発行済株式数」を用いた．簿価時価比率の算出に必要

な「資本合計」は，日経 NEEDS 財務データから取得した．

本章では，既公開企業の株式発行を IPO と同様のイベントとみなし，株式発行から 756 営業日を経ていない場合，ベンチマークの候補から除いたり，パフォーマンスの計測期間から除くといった措置を取っている．ここで，既公開企業の株式発行は，トムソン・ロイター社「Tomson One.com」から特定した．そして，既公開企業の株式発行から 756 営業日は，発表日を「提出日」として，その日を含む 756 営業日と定義した．

5.4.2 収益率の算出方法

公開後に初めて値がついた日（以下，初約定日）を $t=0$ とする．企業 i の初約定日から t 営業日後のその日の収益率を $R_{i,t}$ と表記する．まず，756 営業日間のバイ・アンド・ホールド収益率を定義する．企業 i のバイ・アンド・ホールド収益率 BHR_i は次のように求める．

$$BHR_i = \prod_{t=1}^{756}(1+R_{i,t}) - 1 \tag{5.1}$$

ただし，上場廃止となった場合，また，公開後に株式発行を行った場合は，それ以降の収益率 $R_{i,t}$ を 0 としている．[11]

時価加重ポートフォリオ p の営業日ごとの収益率 $R_{p,t}$ は，個別銘柄の営業日ごとの収益率を時価総額で加重平均して求める．すなわち，

$$R_{p,t} = \sum_{i \in p} w_{i,t} R_{i,t} \tag{5.2}$$

である．ここで，$w_{i,t}$ はウエイトである．$w_{i,t}$ は前営業日の終値で算出した株式時価総額に基づいて求めている．ただし，上場廃止のために，$R_{i,t}$ が算出できない銘柄，また，公開後の株式発行から 756 営業日を

---

[11] 756 営業日間に企業 i が上場替えを行った場合も継続して収益率を求めている．

経過していない銘柄は，ウエイトの算出対象銘柄から除外する．そして，時価加重ポートフォリオ p の 756 営業日間の収益率は次のように求める．

$$BHR_p = \prod_{t=1}^{756}(1+R_{p,t}) - 1 \qquad (5.3)$$

また，等加重ポートフォリオ p の 756 営業日間の収益率は次のように求める．

$$BHR_p = \frac{1}{n}\sum_{i \in p} BHR_i \qquad (5.4)$$

ここで n は初約定日での銘柄数である．

企業 i の 3 年間のバイ・アンド・ホールド異常収益率 AR_i は，企業 i の 3 年間のバイ・アンド・ホールド収益率 BHR_i とその企業に対応するベンチマークの 3 年間のバイ・アンド・ホールド収益率 BHR_i^{BM} との差で定義する．すなわち，

$$AR_i \equiv BHR_i - BHR_i^{BM} \qquad (5.5)$$

である[12]．

---

[12] 企業 i が 756 営業日の間に上場廃止となったとしても，ベンチマークには 756 営業日間の収益率を用いる．

5.5 バイ・アンド・ホールド異常収益率を用いた検証

5.5.1 ベンチマークの特定

マッチング・アプローチ

　マッチング・アプローチでは，IPO企業と属性が近い単一企業をベンチマークとする．ベンチマークの特定時点は，当該IPOの初約定日である．マッチング対象企業は，当該IPOの初約定日時点で，初約定日から756営業日を経過していて，ベンチマークの特定に必要な指標が算出可能で，かつ，その時点で上場している企業とする．ただし，株式発行をしている場合，株式発行から756営業日を経過していない企業は，マッチングの対象から除外する．

　マッチング企業の特定に用いる指標は，当該IPO企業の初約定日の直前月末の値を使用する．マッチング対象企業の株式時価総額は，月末終値とその時の株式総数の積で算出する．また，マッチング対象企業の簿価時価比率は，月末の株式時価総額でそれ以前の直近期の資本合計を除して算出する．なお，簿価時価比率がベンチマークの選定基準になる場合，月末時点で簿価時価比率が負の企業，すなわち，資本合計が負の企業はマッチング対象から除外する．

　IPO企業の株式時価総額は，公開日以降初めて約定した日の終値とその時の発行済株式数の積で算出する．また，IPO企業の簿価時価比率は，公開前直近期の資本合計と資金調達額（公募株数と公開価格の積）の和を初約定日での株式時価総額で除して算出する．

　ここでは，ベンチマークとなるマッチング企業として

(1) 簿価時価比率–規模マッチング企業：
　　　マッチング対象企業を簿価時価比率によって10分位に分け，IPO企業の簿価時価比率を含む簿価時価比率クラスを特定す

る．そして，そのクラスに属する企業の中から，IPO 企業と株式時価総額が最も近い企業をマッチング企業とする．

(2) 産業−規模マッチング企業：
IPO 企業と東証 33 業種分類が同一の企業の中から，IPO 企業と株式時価総額が最も近い企業をマッチング企業とする．

(3) 産業−簿価時価比率マッチング企業：
(2) で株式時価総額の代わりに簿価時価比率を用いて企業を特定する．

(4) 産業−簿価時価比率−規模マッチング企業：
IPO 企業と同一産業に属する企業を簿価時価比率で 5 分位に分け，それを基準にして IPO 企業の簿価時価比率がどのクラスに属するかを分類する．そして，IPO 企業が分類されたクラスの中で，IPO 企業と株式時価総額が最も近い企業をマッチング企業とする．

株式時価総額と簿価時価比率の両方でマッチングを行う場合，最初のクラス分けに用いる簿価時価比率の閾値は，当該 IPO の初約定日時点で特定する．なお，IPO 企業の株式時価総額や簿価時価比率が，既公開企業のそれの最大値を上回った場合は最大のクラスに，最小値を下回った場合は最小のクラスに当該 IPO 企業を分類している．また，産業−簿価時価比率-規模マッチング企業の特定において，IPO と同一産業に属する企業が 6 社未満で，クラス分けの閾値が特定できない場合は，簿価時価比率の指標のみでマッチングを行う[13]．

選ばれたマッチング企業が上場廃止となった場合，また，株式発行した場合は，Loughran and Ritter (1995) にならい，次にマッチする企業の収益率を欠損時点から補って，マッチング企業の 3 年間の収益率を

---

[13] このほかにも規模マッチング企業，簿価時価比率マッチング企業，規模−簿価時価比率マッチング企業，産業−規模−簿価時価比率マッチング企業を用意して検証を行ったが，結果を示した表が煩雑になるため割愛する．

算出する．ただし，Loughran and Ritter (1995) とは異なり，候補は 10 番目までとし，それでも補えない場合は欠損値として扱う．

表 5.2 は IPO 企業と各マッチング企業の規模と簿価時価比率，また，両指標の IPO 企業とマッチング企業の差についての記述統計量を示している．これをみると，産業-規模マッチングでは，IPO 企業の簿価時価比率がマッチング企業よりも低くなることがわかる．一般に，簿価時価比率が低い企業はパフォーマンスが低くなることが指摘されている．そのため，産業と規模のみのマッチングでは，簿価時価比率をコントロールしていないことが原因で，「アンダーパフォーマンス」が観察される可能性がある．一方で，産業-簿価時価比率マッチングでは，IPO 企業の規模がマッチング企業よりも小さくなることがわかる．一般に，規模が小さい企業はパフォーマンスが高くなることが指摘されている．そのため，産業と簿価時価比率のみのマッチングだけでは，規模をコントロールしていないことが原因で，「オーバーパフォーマンス」が観察される可能性がある．ただし，後述するように，IPO 企業の規模は既公開企業と比べて極端に小さいわけではないので，後者の影響は小さいかもしれない．規模と簿価時価比率の両方の指標を用いたマッチングでは，単独の指標でマッチングした場合よりも，その指標については IPO 企業との一致の度合いは低くなるが，両方の指標をある程度一致させることができている．

レファレンス・ポートフォリオ・アプローチ

レファレンス・ポートフォリオ・アプローチでは，IPO 企業と属性の近い複数の企業からなるポートフォリオをベンチマークとする．ベンチマークの特定時点は，当該 IPO の初約定日である．ポートフォリオの構成銘柄の候補は，マッチング対象企業と同様である．また，それらの株式時価総額と簿価時価比率も，マッチング対象企業と同様に算出する．IPO 企業の株式時価総額と簿価時価比率についても，マッ

表 5.2 IPO 企業とマッチング企業の株式時価総額と簿価時価比率

	観測数	平均値	標準偏差	中央値	IQR
IPO 企業					
株式時価総額	1483	39955	250608	10435	18487
簿価時価比率	1478	0.423	0.412	0.286	0.419
簿価時価比率-規模マッチング企業					
株式時価総額	1478	41656	315876	10411	18415
簿価時価比率	1478	0.486	0.403	0.370	0.329
株式時価総額の差	1478	-1708	69676	-3	182
簿価時価比率の差	1478	-0.063	0.161	-0.051	0.178
産業-規模マッチング企業					
株式時価総額	1483	47720	332189	10448	18841
簿価時価比率	1467	1.244	0.923	1.023	1.013
株式時価総額の差	1483	-7765	246701	1	198
簿価時価比率の差	1462	-0.822	0.895	-0.674	0.927
産業-簿価時価比率マッチング企業					
株式時価総額	1472	236910	758809	29853	118603
簿価時価比率	1472	0.434	0.410	0.301	0.413
株式時価総額の差	1472	-203750	761852	-16148	108559
簿価時価比率の差	1472	-0.010	0.058	-0.001	0.012
産業-簿価時価比率-規模マッチング企業					
株式時価総額	1471	34247	101898	10200	18228
簿価時価比率	1471	0.533	0.411	0.444	0.387
株式時価総額の差	1471	-1072	60059	10	1316
簿価時価比率の差	1471	-0.109	0.205	-0.098	0.231

株式時価総額の差は，IPO 企業の株式時価総額からマッチング企業の株式時価総額を減じたものである．また，簿価時価比率の差は，IPO 企業の簿価時価比率からマッチング企業の簿価時価比率を減じたものである．株式時価総額の単位は [百万円] である．IQR は四分位範囲である．

チング・アプローチと同様に算出する．

ここでは，ベンチマークとなるレファレンス・ポートフォリオとして次を用意する．

(5) 規模ポートフォリオ：
株式時価総額を 10 分位に分け，それを基準にして IPO 企業の時株式価総額がどのクラスに属するかを分類する．そして，IPO 企業が分類されたクラスの銘柄をレファレンス・ポートフォリオとする．

(6) 簿価時価比率ポートフォリオ：

(5) で株式時価総額の代わりに簿価時価比率を用いてレファレンス・ポートフォリオを特定する．

(7) 規模–簿価時価比率ポートフォリオ：

株式時価総額を 5 分位に分ける．また，株式時価総額とは独立に簿価時価比率で 5 分位に分ける．その結果，5×5 のクラスが構成される．そして，IPO 企業の株式時価総額と簿価時価比率が，どのクラスに属するかを分類する．その結果，IPO 企業が分類されたクラスの銘柄をレファレンス・ポートフォリオとする．

(8) 産業ポートフォリオ：

IPO 企業が属する東証 33 業種分類に属する銘柄でポートフォリオを構成する．これをレファレンス・ポートフォリオとする．

(9) 全既公開企業ポートフォリオ：

IPO 後 756 営業日を超えた全銘柄でポートフォリオを構成する．これをレファレンス・ポートフォリオとする．

ポートフォリオのクラス分けに使用する株式時価総額や簿価時価比率の閾値は，各月の月末に特定し，翌月に適用する．なお，IPO 企業の株式時価総額や簿価時価比率が，既公開企業のそれの最大値を上回った場合は最大のクラスに，最小値を下回った場合は最小のクラスに当該 IPO 企業を分類している[14]．

IPO 企業の規模や簿価時価比率と既公開企業のそれとを比較するた

---

[14] このほかにも規模–簿価時価比率 2 段階ソートポートフォリオ，簿価時価比率–規模 2 段階ソートポートフォリオを用意して検証を行ったが，規模–簿価時価比率ソートポートフォリオと同様の結果の傾向を示したため割愛する．ここで，規模–簿価時価比率 2 段階ソートポートフォリオ（簿価時価比率–規模 2 段階ソートポートフォリオ）とは，まず規模（簿価時価比率）の大きさでクラス分けし，次に同一の規模（簿価時価比率）クラスの中で簿価時価比率（規模）の大きさでクラス分けすることで構成されるポートフォリオである．

めに，規模ポートフォリオ，簿価時価比率ポートフォリオ，規模–簿価時価比率ポートフォリオについて，各クラスをベンチマークとするIPO企業の数とその割合を算出した（結果の表は未掲載）．規模ポートフォリオに着目し，IPO企業がどの規模クラスに分類されるかをみると，規模が大きいクラスをベンチマークとするIPO企業は少ないものの，中程度の大きさのクラスをベンチマークとするIPO企業が多く存在していた．すなわち，IPO企業は既公開企業と比して極端に規模が小さいというわけではない．一方で，簿価時価比率ポートフォリオに着目すると，約2/3のIPO企業が最も低い簿価時価比率のクラスをレファレンス・ポートフォリオとしていた．したがって，IPO企業は既公開企業と比べて，簿価時価比率が非常に低いといえる．規模–簿価時価比率ポートフォリオに着目しても，IPO企業は規模は中程度で，既公開企業と比べて簿価時価比率が低いことが明らかとなる．このことから，簿価時価比率の効果をコントロールしないベンチマークでは，「アンダーパフォーマンス」が観察される可能性がある．Cai and Wei (1997) を除いて，日本を分析対象とした先行研究では，市場インデックスをベンチマークとしており，簿価時価比率の効果をコントロールしていない．そのために，IPO企業の公開後の「アンダーパフォーマンス」が観察されたのかもしれない．

　前述したように，簿価時価比率ポートフォリオや規模-簿価時価比率ポートフォリオをベンチマークとする場合，IPO企業のほとんどは簿価時価比率が最も低いクラスに分類される．このポートフォリオの構成法では，クラス分けが粗いために簿価時価比率の効果を十分にコントロールできないかもしれない．また，簿価時価比率ほどではないが，規模についても同様の懸念が生じる．そこで，マッチングを応用して，よりIPO企業と規模や簿価時価比率が近いポートフォリオを構成し，そのポートフォリオをベンチマークとする検証も行う．

　具体的には，以下のポートフォリオを構成する．

(10) 簿価時価比率–規模マッチングポートフォリオ：
簿価時価比率を10分位に分け，それを基準にしてIPO企業の簿価時価比率がどのクラスに属するかを分類する．そして，IPO企業が分類されたクラスの中で，株式時価総額がIPO企業と近い上位10社でポートフォリオを構成する．これをレファレンス・ポートフォリオとする．

(11) 産業–規模マッチングポートフォリオ：
IPO企業と同一産業に属し，株式時価総額がIPO企業と近い上位10社でポートフォリオを構成する．これをレファレンス・ポートフォリオとする．なお，同一産業に属する企業が10社に満たない場合は，その産業の全銘柄をポートフォリオ構成銘柄とする．

(12) 産業–簿価時価比率マッチングポートフォリオ：
(11)で株式時価総額の代わりに簿価時価比率を用いてレファレンス・ポートフォリオを特定する．

(13) 産業–簿価時価比率–規模マッチングポートフォリオ：
IPO企業と同一産業に属する企業を簿価時価比率で5分位に分け，それを基準にしてIPO企業の簿価時価比率がどのクラスに属するかを分類する．そして，IPO企業が分類されたクラスの中で，株式時価総額がIPO企業と近い上位10社でポートフォリオを構成する．これをレファレンス・ポートフォリオとする．

以下では，これらのポートフォリオをマッチングポートフォリオと呼ぶ[15]．1社でなく10社を特定すること以外はマッチング・アプローチと同様である．ただし，マッチングポートフォリオを構成するすべて

---

[15] 条件に該当する銘柄が10社に満たない場合もポートフォリオを構成し，ベンチマークとしている．

の銘柄が上場廃止となった場合は，欠損値として扱う[16]．

5.5.2 記述統計量

ここでは，各ベンチマークについてバイ・アンド・ホールド異常収益率の記述統計量を算出し，その分布の特徴をみる．算出結果を示した表は掲載していないが，歪度をみると，どのベンチマークであっても，Barber and Lyon (1997) が指摘しているとおり，異常収益率の分布は正に大きく歪んでいることがわかる．また，順序統計量に着目すると，全観測数の 50% を含む四分位範囲 (IQR) に対して，25% を含む第 3 四分位数 (Q3) から最大値までの範囲が大きいことがわかる．たとえば，時価加重の規模‒簿価時価比率ポートフォリオをベンチマークとした場合，歪度は 13.925 である．また，IQR は 0.821 であるのに対して，Q3 は 0.316，最大値は 64.592 である．そして，中央値は-0.251 であるのに対して，平均値は 0.243 である．順序統計量の特徴は，歪度と同様，正に歪んだ分布を表しているとも考えられるが，外れ値が存在する可能性があるとも考えられる．そのため，本章では，平均値を用いた検定だけでなく，外れ値に頑健な中央値を代表値とする検定を行う．また，もし外れ値が存在するならば，それを排除して分析したほうが適切であろう．そこで，（第 1 四分位数）$-3\times$（四分位範囲）より小さい異常収益率，（第 3 四分位数）$+3\times$（四分位範囲）より大きい異常収益率を満たす観測値を外れ値とみなし，それらを排除した分析も行う．なお，紙面の都合上，時価加重のレファレンス・ポートフォリオをベンチマークとした場合に限定しているが，外れ値排除後サン

---

[16]このほかにも規模マッチングポートフォリオ，簿価時価比率マッチングポートフォリオ，規模‒簿価時価比率マッチングポートフォリオ，産業‒規模‒簿価時価比率マッチングポートフォリオを用意して検証を行ったが，結果を示した表が煩雑になるため割愛する．

プルの記述統計量は表 5.3 に示されている[17].

5.5.3 検定方法

本章では，Lyon, et al. (1999) が推奨するブートストラップ法による歪度修正 t 検定と Ikenberry, et al. (1995) の経験分布による検定を採用する.[18] なお，ノンパラメトリックな検定方法として，Wilcoxon の符号付順位検定があるが，この検定は，Barber and Lyon (1997) で異常収益率に正の歪度がある場合バイアスを持つことが示されている．そのため，本章では採用しない．

ブートストラップ法による歪度修正 t 検定

歪度修正 t 統計量 t_{sa} は次のように求める．

$$t_{sa} = \sqrt{n}\left(S + \frac{1}{3}\hat{\gamma}S^2 + \frac{1}{6n}\hat{\gamma}\right) \tag{5.6}$$

ここで，

$$S = \frac{\overline{AR}}{\hat{\sigma}(AR)} \tag{5.7}$$

$$\hat{\gamma} = \frac{\sum_{i=1}^{n}(AR_i - \overline{AR})^3}{n\hat{\sigma}(AR)^3} \tag{5.8}$$

である．n はサンプルサイズ，$\overline{AR}$ は異常収益率の標本平均，$\hat{\sigma}(AR)$ は異常収益率の標本標準偏差を表す．そして，元のサンプルからサイズ $n^{(b)} = n/4$ の再サンプルを行い，次の統計量を計算する．

$$t_{sa}^{(b)} = \sqrt{n^{(b)}}\left(S^{(b)} + \frac{1}{3}\hat{\gamma}^{(b)}S^{(b)2} + \frac{1}{6n^{(b)}}\hat{\gamma}^{(b)}\right) \tag{5.9}$$

---

[17] ただし，IPO 企業の公開後の長期パフォーマンスの検証において，外れ値処理を行うのは一般的ではない．しかし，異常収益率の平均値が少数の観測値に左右されるならば，それは分布の特性を代表しているとはいえないであろう．

[18] 以下の説明は，Lyon, et al. (1999) に依拠している．

表 5.3　収益率の記述統計量：外れ値排除サンプル

	観測数	平均値	標準偏差	最小値	Q1	中央値	Q3	最大値	IQR	歪度
レファレンス・ポートフォリオ (時価加重)										
規模 P										
BHR^{IPO}	1422	-0.057	0.917	-1.000	-0.728	-0.326	0.310	5.079	1.037	1.831
BHR^{BM}	1422	0.203	0.655	-0.567	-0.294	0.017	0.495	3.309	0.789	1.664
AR	1422	-0.259	0.791	-3.181	-0.703	-0.398	0.062	2.612	0.764	0.725
簿価時価比率 P										
BHR^{IPO}	1410	-0.078	0.855	-1.000	-0.727	-0.328	0.297	4.313	1.023	1.514
BHR^{BM}	1410	-0.007	0.418	-0.614	-0.357	-0.059	0.239	2.925	0.596	1.235
AR	1410	-0.071	0.753	-1.461	-0.528	-0.260	0.231	2.930	0.760	1.291
規模-簿価時価比率 P										
BHR^{IPO}	1415	-0.061	0.898	-1.000	-0.726	-0.325	0.309	5.079	1.036	1.738
BHR^{BM}	1415	0.035	0.549	-0.712	-0.375	-0.080	0.282	3.576	0.656	1.660
AR	1415	-0.095	0.751	-2.484	-0.511	-0.276	0.191	2.769	0.702	1.087
産業 P										
BHR^{IPO}	1416	-0.078	0.861	-1.000	-0.729	-0.331	0.295	4.345	1.024	1.540
BHR^{BM}	1416	0.005	0.484	-0.891	-0.320	-0.110	0.216	2.731	0.536	1.571
AR	1416	-0.083	0.776	-2.694	-0.562	-0.240	0.221	2.933	0.783	1.087
全既公開企業 P										
BHR^{IPO}	1417	-0.076	0.861	-1.000	-0.729	-0.331	0.298	3.946	1.027	1.503
BHR^{BM}	1417	-0.059	0.403	-0.584	-0.404	-0.153	0.127	1.094	0.531	0.821
AR	1417	-0.017	0.793	-1.685	-0.494	-0.180	0.323	3.112	0.817	1.176
簿価時価比率-規模 MP										
BHR^{IPO}	1412	-0.059	0.909	-1.000	-0.726	-0.325	0.309	5.652	1.035	1.835
BHR^{BM}	1412	-0.001	0.621	-0.827	-0.411	-0.151	0.243	5.655	0.654	2.304
AR	1412	-0.057	0.777	-2.187	-0.494	-0.209	0.228	2.796	0.722	0.931
産業-規模 MP										
BHR^{IPO}	1424	-0.042	0.956	-1.000	-0.727	-0.325	0.312	5.875	1.039	2.047
BHR^{BM}	1424	0.146	0.718	-0.834	-0.319	-0.050	0.384	6.382	0.703	2.323
AR	1424	-0.189	0.813	-2.958	-0.626	-0.294	0.124	2.775	0.749	0.720
産業-簿価時価比率 MP										
BHR^{IPO}	1407	-0.063	0.898	-1.000	-0.725	-0.325	0.300	6.034	1.025	1.807
BHR^{BM}	1407	-0.026	0.622	-1.000	-0.410	-0.157	0.219	8.817	0.630	3.345
AR	1407	-0.037	0.784	-2.783	-0.494	-0.177	0.237	2.979	0.731	0.961
産業-簿価時価比率-規模 MP										
BHR^{IPO}	1401	-0.077	0.870	-1.000	-0.726	-0.328	0.285	6.034	1.011	1.739
BHR^{BM}	1401	-0.042	0.635	-1.000	-0.414	-0.185	0.152	8.817	0.566	3.467
AR	1401	-0.035	0.766	-2.783	-0.467	-0.169	0.243	2.705	0.710	0.789

BHR^{IPO} は IPO 企業の 3 年間のバイ・アンド・ホールド収益率, BHR^{BM} はベンチマークの 3 年間のバイ・アンド・ホールド収益率, AR はバイ・アンド・ホールド異常収益率である. Q1 は第 1 四分位数, Q3 は第 3 四分位数, IQR は四分位範囲を表している. P はポートフォリオ, MP はマッチングポートフォリオである.

ここで,

$$S^{(b)} = \frac{\overline{AR^{(b)}} - \overline{AR}}{\hat{\sigma}^{(b)}(AR)} \tag{5.10}$$

$$\hat{\gamma}^{(b)} = \frac{\sum_{i=1}^{n^{(b)}}(AR_i^{(b)} - \overline{AR}^{(b)})^3}{n^{(b)}\hat{\sigma}^{(b)}(AR)^3} \tag{5.11}$$

である.再サンプルは 10,000 回繰り返し,そこから得られた $t_{sa}^{(b)}$ の分布から臨界値を算出する.有意水準 α の臨界値は,次の式を満たす (x_l, x_u) である.

$$Prob[t_{sa}^{(b)} \le x_l] = Prob[t_{sa}^{(b)} \ge x_u] = \frac{\alpha}{2} \tag{5.12}$$

この臨界値 (x_l, x_u) と歪度修正 t 統計量 t_{sa} を比較することで両側検定を行う.

Ikenberry, Lakonishok and Vermaelen (1995) の経験分布による検定

Ikenberry, et al. (1995) の経験分布による検定は,帰無仮説の下での平均異常収益率の経験分布を生成し,その経験分布に基づいて検定を行う手法である.具体的には,次のような手順をとる.各 IPO 企業のベンチマークポートフォリオを構成する企業から 1 社をランダムに選び,その企業について当該 IPO 企業と同様に異常収益率を算出する.その結果,計測時点と属性が IPO 企業とマッチした異常収益率のサンプルができる.この作業を 10,000 回繰り返し,各サンプルに対して異常収益率の平均値を算出する.そこから得られた平均値の経験分布から臨界値を算出する.この平均値 $\overline{AR}^e$ と記すと,有意水準 α の臨界値は,次の式を満たす (y_l, y_u) である.

$$Prob[\overline{AR}^e \le y_l] = Prob[\overline{AR}^e \ge y_u] = \frac{\alpha}{2} \tag{5.13}$$

この臨界値 (y_l, y_u) と実際のサンプルから求めた異常収益率の標本平均 $\overline{AR}$ を比較することで両側検定を行う.なお,この検定はベンチマークがポートフォリオのときに利用可能な手法である.マッチング・アプローチでは使用できない.

この手法は，中央値にも応用可能であると考えられる．そこで，中央値についても同様の手法で検定を行う．

5.5.4 検定結果

以下では，外れ値を排除したサンプルを対象にした歪度修正 t 検定，外れ値を排除したサンプルを対象にした平均値に関する経験分布による検定，およびフルサンプルを対象にした中央値に関する経験分布による検定の結果を表によって示す．なお，フルサンプルを対象にした歪度修正 t 検定と平均値に関する経験分布による検定の結果の表は章末 5.A に掲載し，脚注で言及する．

すべての市場の IPO 企業を対象にした検証結果

すべての市場の IPO 企業を対象にした結果は，表 5.4 に示されている．まず，歪度修正 t 検定の結果（表左側）をみる．マッチング・アプローチでは，産業–規模マッチング企業をベンチマークとすると，有意にアンダーパフォーマンスが観察される．その他のベンチマークでは有意な結果は得られていない．一方で，レファレンスポートフォリオ・アプローチでは，時価加重の全既公開企業ポートフォリオと産業–簿価時価比率–規模ポートフォリオをベンチマークとした場合では有意ではないものの，それ以外のベンチマークでは有意に負である．このことから，マッチング・アプローチの 3 つのベンチマークで有意な結果が得られなかったのは，検定力の低さに起因している可能性が考えられる．また，平均値に関する経験分布による検定（表中央）と中央値に関する経験分布による検定（表右側）をみると，共にすべてのベンチマークで，IPO 企業は有意にアンダーパフォーマンスしている．

ベンチマーク別でみると，簿価時価比率はコントロールせずに，規模の効果をコントロールしたベンチマークで，顕著にアンダーパフォーマンスが観察される．これは，IPO 企業の簿価時価比率がベンチマー

表 5.4 バイ・アンド・ホールド収益率を用いた検証の結果：全市場

	ブートストラップ法による歪度調整 t 検定			経験分布による検定				
	外れ値排除サンプル			外れ値排除サンプル		フルサンプル		
	平均値	歪度修正 t 統計量	5% 水準 両側臨界値	平均値	5% 水準 両側臨界値	中央値	5% 水準 両側臨界値	
マッチング								
簿価時価比率-規模 M	0.015	0.595	[-1.978, 2.005]					
産業-規模 M	-0.149	-5.593	[-1.981, 1.980]***					
産業-簿価時価比率 M	0.020	0.837	[-1.969, 1.974]					
産業-簿価時価比率-規模 M	-0.017	-0.692	[-1.975, 1.997]					
レファレンス・ポートフォリオ								
等加重ポートフォリオ								
規模 P	-0.253	-11.047	[-1.958, 1.956]***	-0.253	[-0.042, 0.043]***	-0.382	[-0.122, -0.072]***	
簿価時価比率 P	-0.087	-4.224	[-1.978, 1.984]***	-0.087	[-0.036, 0.038]***	-0.260	[-0.134, -0.084]***	
規模-簿価時価比率 P	-0.107	-5.135	[-1.972, 1.957]***	-0.107	[-0.040, 0.044]***	-0.270	[-0.152, -0.100]***	
産業 P	-0.210	-9.465	[-1.965, 1.980]***	-0.210	[-0.040, 0.045]***	-0.337	[-0.121, -0.071]***	
全既公開企業 P	-0.247	-10.797	[-2.000, 1.941]***	-0.247	[-0.040, 0.045]***	-0.373	[-0.127, -0.076]***	
簿価時価比率-規模 MP	-0.071	-3.353	[-1.973, 1.958]***	-0.071	[-0.040, 0.041]***	-0.211	[-0.126, -0.078]***	
産業-規模 MP	-0.207	-9.146	[-1.917, 1.955]***	-0.207	[-0.039, 0.041]***	-0.303	[-0.090, -0.041]***	
産業-簿価時価比率 MP	-0.073	-3.635	[-1.974, 1.959]***	-0.073	[-0.032, 0.035]***	-0.204	[-0.094, -0.044]***	
産業-簿価時価比率-規模 MP	-0.068	-3.260	[-1.986, 1.957]***	-0.068	[-0.034, 0.036]***	-0.179	[-0.088, -0.040]***	
時価加重ポートフォリオ								
規模 P	-0.259	-11.381	[-2.045, 2.004]***	-0.259	[-0.049, 0.036]***	-0.359	[-0.107, -0.057]***	
簿価時価比率 P	-0.071	-3.400	[-1.955, 1.967]***	-0.071	[-0.023, 0.051]***	-0.230	[-0.109, -0.059]***	
規模-簿価時価比率 P	-0.095	-4.557	[-1.961, 1.894]***	-0.095	[-0.033, 0.051]***	-0.251	[-0.122, -0.072]***	
産業 P	-0.083	-3.842	[-1.976, 1.966]***	-0.083	[0.092, 0.178]***	-0.204	[-0.009, 0.041]***	
全既公開企業 P	-0.017	-0.810	[-1.984, 1.914]	-0.017	[0.190, 0.275]***	-0.146	[0.072, 0.124]***	
簿価時価比率-規模 MP	-0.057	-2.705	[-1.982, 1.958]***	-0.057	[-0.035, 0.046]***	-0.186	[-0.096, -0.050]***	
産業-規模 MP	-0.189	-8.267	[-1.938, 1.959]***	-0.189	[-0.026, 0.053]***	-0.271	[-0.062, -0.014]***	
産業-簿価時価比率 MP	-0.037	-1.757	[-1.951, 1.998]*	-0.037	[-0.011, 0.055]***	-0.154	[-0.056, -0.015]***	
産業-簿価時価比率-規模 MP	-0.035	-1.689	[-2.047, 2.021]	-0.035	[0.004, 0.075]***	-0.141	[-0.049, -0.005]***	

各ベンチマークに対する検定結果を示している．M はマッチング企業，P はポートフォリオ，MP はマッチングポートフォリオである．ブートストラップ法による歪度修正 t 検定，経験分布による検定ともに，有意水準を 5% としたときの臨界値のみを記している．***，**，* はそれぞれ 1% 水準，5% 水準，10% 水準有意を表す．

クよりも低いために，顕著な「アンダーパフォーマンス」となったのかもしれない．しかし，簿価時価比率をコントロールしたベンチマークでも，IPO 企業のアンダーパフォーマンスが有意に観察されている．

以上をまとめると，日本においては，たとえ規模や簿価時価比率の効果をコントロールしても，依然として，IPO 企業の公開後の長期ア

ンダーパフォーマンスが有意に観察されるといえよう[19].

市場別の検証結果

日本の先行研究の多くは個別市場を対象にしている（Cai and Wei (1997) は東証，忽那 (2001)，阿部 (2005) はジャスダック）．また，鈴木 (2009) では，新興3市場を対象に市場別に検証した結果，異常収益率の平均値がジャスダックでは正，ヘラクレスとマザーズでは負であることを示している．これらの先行研究との比較のためにも，市場別の検証結果を示そう．

ここでは，東京証券取引所1部・2部（東証），ジャスダック（旧店頭市場を含む），ヘラクレス（ナスダック・ジャパンを含む），マザーズにサンプルを分割する．外れ値排除前の各サブサンプルのサンプルサイズは，東証が179，ジャスダックが724，マザーズが229，ヘラクレスが206である．外れ値は各サブサンプル毎に特定する．また，途中で上場替えを行った銘柄であっても，公開時の市場のサンプルに分類している．各市場の検証結果は，表5.5のパネルAからパネルDに示されている．

なお，表には時価加重ポートフォリオをベンチマークとしたときの結果のみを示している．マッチング企業や等加重ポートフォリオをベンチマークとした場合も，特に記さない限り，おおむね同じ結果を得ている．

東証を対象にしたときの検証結果はパネルAに示されている．まず，歪度修正t検定（表左側）では，全既公開企業ポートフォリオをベンチマークとすると，有意にIPO企業の公開後のオーバーパフォーマン

---

[19] フルサンプルを対象にした場合（章末 5.A 表 5.9），歪度修正 t 検定では，産業−規模マッチング企業，規模ポートフォリオを除くすべてのベンチマークについて，IPO 企業のオーバーパフォーマンスが有意に観察される．また，平均値に関する経験分布による検定では，すべてのベンチマークについて，有意に IPO 企業の公開後のオーバーパフォーマンスが有意に観察される．これは，平均値が正の外れ値の影響を受けたためと考えられる．

スが観察される．また，表には掲載していないが，簿価時価比率-規模マッチング企業，産業-簿価時価比率マッチング企業をベンチマークとした場合も，有意にオーバーパフォーマンスが観察される．しかし，平均値に関する経験分布による検定（表中央）をみると，産業ポートフォリオと全既公開企業ポートフォリオをベンチマークとしたときに，有意にアンダーパフォーマンスが観察される．また，中央値に関する経験分布による検定（表右側）をみると，5つのベンチマークで有意に公開後のアンダーパフォーマンスが観察される．それ以外は，有意な結果は得られていない[20]．

以上のことから，東証では，経験分布による検定ではアンダーパフォーマンスが観察されるものの，歪度修正 t 検定ではいくつかのベンチマークでオーバーパフォーマンスも観察されるといえる．そのため，IPO企業の公開後のアンダーパフォーマンスが安定的に観察されるとは言い難い[21]．

ジャスダックを対象にしたときの検証結果はパネル B に示されている．歪度修正 t 検定（表左側）をみると，規模ポートフォリオをベンチマークとした場合，IPO 企業は有意にアンダーパフォーマンスしている．しかし，それ以外では，ほとんどのベンチマークに対して IPO 企業は有意にオーバーパフォーマンスしている．平均値に関する経験分布による検定（表中央）でも，オーバーパフォーマンスとアンダーパフォーマンスが混在している．

---

[20]等加重ポートフォリオをベンチマークとする場合では，全既公開企業ポートフォリオをベンチマークしたとき有意な結果は得られない．また，産業ポートフォリオをベンチマークとした場合は有意にアンダーパフォーマンスが観察される．それ以外は，時価加重ポートフォリオをベンチマークとした場合とおおむね同様の結果である．

[21]東証のフルサンプルを対象にした場合（章末 5.A 表 5.10），歪度修正 t 検定をみると，22 個中 9 個のベンチマークについて，IPO 企業の公開後のオーバーパフォーマンスが有意に観察される．また，平均値に関する経験分布による検定では，18 個中 6 個のベンチマークについて，有意に IPO 企業の公開後のオーバーパフォーマンスが有意に観察される．それ以外は有意ではない．

表 5.5 バイ・アンド・ホールド異常収益率を用いた検証の結果：市場別

	ブートストラップ法による歪度調整 t 検定			経験分布による検定				
	外れ値排除サンプル			外れ値排除サンプル		フルサンプル		
	平均値	歪度修正 t 統計量	5% 水準 両側臨界値	平均値	5% 水準 両側臨界値	中央値	5% 水準 両側臨界値	
パネル A：東証								
規模 P	-0.063	-1.188	[-2.145, 1.972]	-0.063	[-0.094, 0.123]	-0.138	[-0.134, 0.007]	**
簿価時価比率 P	0.022	0.525	[-2.141, 1.948]	0.022	[-0.079, 0.141]	-0.110	[-0.152, -0.010]	
規模-簿価時価比率 P	-0.013	-0.292	[-2.129, 1.939]	-0.013	[-0.093, 0.123]	-0.105	[-0.152, -0.008]	
産業 P	0.077	1.658	[-2.171, 1.985]	0.077	[0.078, 0.327]	-0.030	[-0.036, 0.115]	*
全既公開企業 P	0.089	2.008	[-2.195, 1.985] **	0.089	[0.129, 0.372] ***	-0.019	[0.028, 0.180]	***
簿価時価比率-規模 MP	0.059	1.234	[-2.156, 1.984]	0.059	[-0.093, 0.148]	-0.100	[-0.129, 0.012]	
産業-規模 MP	-0.008	-0.147	[-2.115, 2.002]	-0.008	[-0.046, 0.174]	-0.087	[-0.082, 0.040]	**
産業-簿価時価比率 MP	0.058	1.284	[-2.228, 1.954]	0.058	[-0.044, 0.133]	-0.055	[-0.077, 0.008]	
産業-簿価時価比率-規模 MP	0.057	1.227	[-2.211, 1.963]	0.057	[-0.040, 0.138]	-0.072	[-0.067, 0.017]	**
パネル B：ジャスダック								
規模 P	-0.118	-3.292	[-2.024, 1.975] ***	-0.118	[-0.079, 0.054] ***	-0.279	[-0.130, -0.056]	***
簿価時価比率 P	0.116	3.429	[-1.928, 1.992] ***	0.116	[-0.037, 0.076] ***	-0.124	[-0.123, -0.050]	***
規模-簿価時価比率 P	0.065	1.964	[-1.928, 1.949] **	0.065	[-0.060, 0.067] *	-0.148	[-0.146, -0.071]	***
産業 P	0.097	2.739	[-1.978, 1.958] ***	0.097	[0.067, 0.202] ***	-0.117	[-0.031, 0.045]	
全既公開企業 P	0.187	5.537	[-1.943, 1.976] ***	0.187	[0.196, 0.326] **	0.011	[0.071, 0.147]	***
簿価時価比率-規模 MP	0.073	2.172	[-1.923, 1.929] **	0.073	[-0.064, 0.061] **	-0.106	[-0.113, -0.048]	
産業-規模 MP	-0.049	-1.332	[-2.029, 1.927]	-0.049	[-0.061, 0.061]	-0.199	[-0.085, -0.015]	***
産業-簿価時価比率 MP	0.086	2.471	[-1.999, 1.940] **	0.086	[-0.042, 0.061] ***	-0.109	[-0.081, -0.018]	***
産業-簿価時価比率-規模 MP	0.119	3.482	[-1.984, 1.990] ***	0.119	[-0.025, 0.082] ***	-0.067	[-0.077, -0.009]	
パネル C：マザーズ								
規模 P	-0.617	-12.609	[-2.071, 2.080] ***	-0.617	[-0.107, 0.117] ***	-0.551	[-0.138, -0.008]	***
簿価時価比率 P	-0.424	-8.092	[-2.019, 1.978] ***	-0.424	[-0.099, 0.086] ***	-0.480	[-0.179, -0.041]	***
規模-簿価時価比率 P	-0.437	-9.003	[-2.080, 2.033] ***	-0.437	[-0.084, 0.131] ***	-0.432	[-0.148, -0.020]	***
産業 P	-0.439	-8.734	[-2.040, 1.946] ***	-0.439	[0.021, 0.233] ***	-0.503	[-0.069, 0.055]	***
全既公開企業 P	-0.433	-7.821	[-2.091, 2.007] ***	-0.433	[0.055, 0.279] ***	-0.467	[-0.030, 0.102]	***
簿価時価比率-規模 MP	-0.388	-8.628	[-2.085, 2.022] ***	-0.388	[-0.076, 0.118] ***	-0.353	[-0.124, 0.003]	***
産業-規模 MP	-0.512	-9.885	[-2.068, 2.003] ***	-0.512	[-0.067, 0.126] ***	-0.511	[-0.087, 0.042]	***
産業-簿価時価比率 MP	-0.269	-4.918	[-2.135, 2.047] ***	-0.269	[-0.051, 0.121] ***	-0.345	[-0.082, 0.018]	***
産業-簿価時価比率-規模 MP	-0.302	-5.651	[-2.065, 1.976] ***	-0.302	[-0.031, 0.155] ***	-0.316	[-0.077, 0.034]	***
パネル D：ヘラクレス								
規模 P	-0.488	-8.600	[-2.114, 1.976] ***	-0.488	[-0.111, 0.092] ***	-0.536	[-0.156, -0.021]	***
簿価時価比率 P	-0.200	-3.762	[-2.084, 1.945] ***	-0.200	[-0.033, 0.141] ***	-0.342	[-0.100, 0.033]	***
規模-簿価時価比率 P	-0.261	-4.916	[-2.132, 2.001] ***	-0.261	[-0.088, 0.115] ***	-0.362	[-0.169, -0.035]	***
産業 P	-0.211	-3.899	[-2.006, 1.928] ***	-0.211	[0.100, 0.282] ***	-0.293	[0.021, 0.158]	***
全既公開企業 P	-0.219	-4.157	[-2.139, 2.012] ***	-0.219	[0.162, 0.372] ***	-0.352	[0.065, 0.202]	***
簿価時価比率-規模 MP	-0.199	-3.775	[-2.136, 1.937] ***	-0.199	[-0.082, 0.109] ***	-0.309	[-0.142, -0.024]	***
産業-規模 MP	-0.381	-6.697	[-2.117, 2.013] ***	-0.381	[-0.077, 0.082] ***	-0.481	[-0.108, 0.019]	***
産業-簿価時価比率 MP	-0.062	-1.158	[-2.140, 1.979]	-0.062	[-0.006, 0.123] ***	-0.206	[-0.045, 0.068]	***
産業-簿価時価比率-規模 MP	-0.159	-3.481	[-2.137, 1.976] ***	-0.159	[-0.014, 0.122] ***	-0.222	[-0.050, 0.054]	***

市場別の検定結果を示している．P はポートフォリオ，MP はマッチングポートフォリオである．ブートストラップ法による歪度修正 t 検定，経験分布による検定ともに，有意水準を 5% としたときの臨界値のみを記している．***，**，*はそれぞれ 1%水準，5%水準，10%水準有意を表す．

一方で，中央値に関する経験分布による検定（表右側）では，IPO企業の公開後のアンダーパフォーマンスが有意に観察される[22]．以上のことから，ジャスダック市場では，公開後のオーバーパフォーマンスとアンダーパフォーマンスがいずれも有意に観察される．そのため，結論を述べることは難しい[23]．

マザーズを対象にしたときの検証結果はパネル C に示されている．歪度修正 t 検定（表左側），平均値に関する経験分布による検定（表中央），中央値に関する経験分布による検定（表右側）のいずれも，すべてのベンチマークに対して，公開後のアンダーパフォーマンスが有意に観察される[24]．

ヘラクレスを対象にしたときの検証結果はパネル D に示されている．歪度修正 t 検定（表左側）をみると，産業－簿価時価比率マッチングポートフォリオをベンチマークとした以外は有意な結果は得られないが，それ以外のベンチマークでは公開後のアンダーパフォーマンスが観察される．また，平均値に関する経験分布による検定（表中央）と中央値に関する経験分布による検定（表右側）では，すべてのベンチマーク

---

[22] 等加重ポートフォリオをベンチマークとする場合では，全既公開企業ポートフォリオをベンチマークしたとき，すべての検定で有意にアンダーパフォーマンスが観察される．産業ポートフォリオをベンチマークとすると，歪度修正 t 検定では有意な結果は得られない．それ以外は，時価加重ポートフォリオをベンチマークとした場合とおおむね同様の結果である．

[23] ジャスダックのフルサンプルを対象にした場合（章末 5.A 表 5.11），歪度修正 t 検定と平均値に関する経験分布による検定のいずれの検定でもすべてのベンチマークについて，有意に IPO 企業の公開後のオーバーパフォーマンスが観察される．

[24] マザーズのフルサンプルを対象にした場合（章末 5.A 表 5.12），歪度修正 t 検定では，産業－簿価時価比率マッチング企業，産業－簿価時価比率マッチングポートフォリオ（時価加重）をベンチマークとすると有意ではないが，その他のベンチマークでは，有意にアンダーパフォーマンスが観察される．また，平均値に関する経験分布による検定では，すべてのベンチマークで有意に IPO 企業の公開後のアンダーパフォーマンスが観察される．このため，マザーズでは外れ値を排除しなくても，アンダーパフォーマンスが観察されるといえる．

に対して有意に IPO 企業のアンダーパフォーマンスが観察される[25].

　以上のことから，マザーズやヘラクレスに関しては，IPO 企業の公開後のアンダーパフォーマンスが観察されると結論づけられる．一方で，東証やジャスダックでは，安定的にアンダーパフォーマンス現象が観察されるとはいえない．

年別の検証結果

　では，なぜ市場間で結果が異なるのであろうか．一つの可能性として，分析期間の違いが考えられる．マザーズは 1999 年 11 月に開設され，ヘラクレスの前身のナスダック・ジャパンは 2000 年 5 月に開設された．当然，マザーズやヘラクレスの分析対象はそれ以降の IPO 企業となる．分析時期をそろえて検証すれば，市場が異なっても同様の結果を示すかもしれない．このことをみるために，ここでは，各市場ごとに公開年に応じてサブサンプル分けて検証を行う．対象は，ジャスダック，マザーズ，ヘラクレスとする．ここで，東証を分析対象から除外したのは，サンプルサイズを確保できないと判断したためである．また，アンダーパフォーマンスが同様に観察されるマザーズとヘラクレスは，1 つにまとめてサンプルサイズを確保する（マザーズ・ヘラクレス）．マザーズ・ヘラクレスは上場が本格化した 2000 年以降を対象とする．検証結果は章末 5.A 表 5.14 に示されている．なお，表には時

---

　[25]ヘラクレスのフルサンプルを対象にした場合（章末 5.A 表 5.13），歪度修正 t 検定では，規模ポートフォリオ（等加重，時価加重）をベンチマークとすると，有意にアンダーパフォーマンスが観察される．逆に，産業–簿価時価比率マッチングポートフォリオ（時価加重）をベンチマークとすると，有意にオーバーパフォーマンスが観察される．平均値に関する経験分布による検定では，規模ポートフォリオ（等加重，時価加重）に加えて，産業-規模マッチングポートフォリオ（等加重，時価加重），産業ポートフォリオ（等加重，時価加重），全既公開企業ポートフォリオ（等加重，時価加重）に対して，有意にアンダーパフォーマンスが観察される．また，産業–簿価時価比率マッチングポートフォリオ（時価加重）に加えて，産業–簿価時価比率マッチングポートフォリオ（等加重），産業–時価簿価比率-規模マッチングポートフォリオ（等加重，時価加重）に対して，有意にオーバーパフォーマンスが観察される．それ以外は，有意ではない．

価加重の簿価時価比率-規模マッチングポートフォリオ，産業-規模マッチングポートフォリオ，産業-簿価時価比率-規模マッチングポートフォリオをベンチマークとしたときの結果を示しているが，その他のベンチマークでも結果の傾向は変わらない．

ジャスダックを対象にしたときの結果（パネル A）は以下のとおりである．ジャスダックは1999年と2004年から2007年に上場した企業では，アンダーパフォーマンスが観察される．一方で，ジャスダックはそれ以外の年に上場した企業では，オーバーパフォーマンスが観察される傾向にある．

マザーズ・ヘラクレスを対象にしたときの結果（パネル B）は以下のとおりである．マザーズ・ヘラクレスでは，2002年はアンダーパフォーマンスともオーバーパフォーマンスともいえない．一方で，2001年と2003年では顕著とはいえないもののアンダーパフォーマンスの傾向がある．それ以外の年では有意にアンダーパフォーマンスが観察される．したがって，一貫してアンダーパフォーマンスを示す傾向にあるといえる．

両者の結果を比べるとわかるように，たとえ上場時期が同じであっても，市場によって結果が異なっている．また，ここでも，ジャスダックでは安定してアンダーパフォーマンスが観察されるわけではないことがわかる．

市場別・年別の検証結果の検討

では，なぜ期間や市場によって長期パフォーマンスが異なるのであろうか．ここでは，考えらえる要因についていくつか考察する．

2004年12月13日より前のジャスダックでは，マーケットメイク方式を採用しない銘柄の初値は，ダッチ方式によって決定されていた．これは，他市場と異なる初値決定方式である．このことが影響して，ジャスダックのIPO企業ではオーバーパフォーマンスが観察されたのかも

しれない．しかし，ジャスダックにおいても初値決定にダッチ方式が採用されていた1999年や2004年に，マザーズやヘラクレスと同様，アンダーパフォーマンスが観察されている．そのため，初値の決定方式の違いは市場間の結果の違いを説明する主要な要因とはいえないであろう．

ジャスダックでは，1999年にアンダーパフォーマンスが観察されている．1999年はITバブルの時期であり，市場が過熱していた（ホット・イッシュー・マーケット）．市場が過熱しているときほど，IPO企業が公開時に過大評価され，長期的にはアンダーパフォーマンスが観察されるのかもしれない．市場状況の変化は時系列的な変動であり，同じ時期のIPOならば，異なる市場であってもパフォーマンスの傾向は同様になると考えられる．表5.6のパネルAは，各IPOの公開前3カ月（63営業日）間のジャスダック指数変化率を市場別・年別に示したものである．ジャスダックに着目すると，1999年のIPO前の市場は上昇している．そのため，確かにこの時期のアンダーパフォーマンスは市場の過熱に対応している．しかし，たとえば2003年は相対的に市場状況が良いにもかかわらず，オーバーパフォーマンスが観察されている．また，市場間を比べると，ジャスダックと異なり，2003年のマザーズ・ヘラクレスは中央値でみるとアンダーパフォーマンスが観察されている．以上のことから，市場の状況で市場別・年別の検証結果のすべてを説明できるとはいえないであろう．

Ritter (1991)は企業年齢によってIPO企業をサブサンプルに分け，企業年齢が低いIPO企業ほど公開後の長期パフォーマンスが悪いことを示している．そして，この結果を，企業年齢が低いIPO企業は一般に簿価時価比率が低く（簿価時価比率の逆数が高く），過大評価される傾向があるために生じたものと解釈している．東証やジャスダックのIPO企業は，マザーズやヘラクレスのそれに比して企業年齢が高く成熟企業が多いと考えられる．表5.6のパネルBは，分析対象のIPO企

表 5.6 市場別・年別のジャスダック指数変化率，企業年齢，簿価時価比率

	東証			ジャスダック			マザーズ			ヘラクレス			その他の市場			全体		
	観測数	平均値	中央値	観測数	平均値	中央値	観測数	平均値	中央値	観測数	平均値	中央値	観測数	平均値	中央値	観測数	平均値	中央値
パネル A　公開前ジャスダック指数変化率 (3 ヵ月)																		
1997	1	-0.254	-0.254	29	-0.222	-0.221	–	–	–	–	–	–	12	-0.222	-0.215	42	-0.223	-0.220
1998	14	-0.028	-0.048	62	-0.030	-0.030	–	–	–	–	–	–	10	-0.066	-0.090	86	-0.034	-0.043
1999	7	0.272	0.249	73	0.349	0.327	2	0.209	0.209	–	–	–	24	0.309	0.272	106	0.333	0.303
2000	24	-0.059	-0.132	97	-0.047	-0.110	27	-0.107	-0.147	33	-0.149	-0.142	22	-0.098	-0.128	203	-0.078	-0.132
2001	16	-0.026	-0.016	97	-0.049	-0.068	7	-0.080	-0.074	43	-0.059	-0.045	6	-0.033	-0.034	169	-0.050	-0.066
2002	20	-0.040	-0.038	68	-0.061	-0.047	8	-0.108	-0.120	24	-0.046	-0.044	4	-0.032	-0.022	124	-0.057	-0.044
2003	17	0.171	0.245	62	0.121	0.082	31	0.149	0.162	7	0.224	0.278	4	0.113	0.093	121	0.141	0.103
2004	22	0.052	-0.074	71	0.037	-0.041	56	0.042	-0.028	16	-0.016	-0.053	10	0.098	0.098	175	0.039	-0.041
2005	18	0.101	0.111	65	0.088	0.097	36	0.088	0.088	22	0.066	0.053	17	0.087	0.089	158	0.086	0.088
2006	29	-0.005	-0.020	56	-0.047	-0.070	41	-0.067	-0.087	37	-0.104	-0.115	25	-0.074	-0.072	188	-0.060	-0.080
2007	11	-0.041	-0.080	44	-0.025	-0.025	21	-0.052	-0.050	24	-0.014	-0.016	11	-0.013	-0.015	111	-0.028	-0.028
全体	179	0.022	-0.003	724	0.022	-0.006	229	0.010	-0.026	206	-0.048	-0.050	145	0.017	-0.008	1483	0.010	-0.018
パネル B　企業年齢																		
1997	1	44.0	44.0	29	22.8	21.1	–	–	–	–	–	–	12	37.2	29.5	42	27.4	24.6
1998	14	28.5	31.9	62	25.6	25.3	–	–	–	–	–	–	10	26.3	20.0	86	26.1	25.4
1999	7	32.1	26.2	73	25.7	23.4	2	2.3	2.3	–	–	–	24	33.6	31.1	106	27.4	24.3
2000	24	29.7	28.8	97	29.2	28.3	27	8.4	5.7	33	16.1	12.5	22	32.3	32.1	203	24.7	23.7
2001	16	42.9	34.8	97	21.8	19.6	7	11.2	10.6	43	11.8	7.2	6	36.7	30.5	169	21.3	16.5
2002	20	37.8	36.1	68	20.4	19.2	8	6.9	4.4	24	9.7	6.3	4	29.2	29.3	124	20.6	17.7
2003	17	30.8	30.1	62	24.8	20.6	31	10.6	7.8	7	15.4	10.0	4	23.7	19.1	121	21.4	17.6
2004	22	40.3	39.9	71	22.8	20.1	56	10.9	7.2	16	19.4	10.9	10	18.4	12.4	175	20.6	14.4
2005	18	28.7	30.5	65	26.2	22.2	36	8.4	7.6	22	11.6	6.9	17	10.9	6.2	158	18.7	12.4
2006	29	41.0	47.1	56	27.7	25.8	41	9.4	8.6	37	12.6	9.0	25	13.6	11.1	188	20.9	15.6
2007	11	35.3	37.6	44	27.9	24.8	21	10.5	7.8	24	18.2	16.6	11	16.3	18.4	111	22.1	18.7
全体	179	35.4	33.6	724	25.0	22.5	229	9.7	7.4	206	13.8	9.5	145	24.5	20.6	1483	22.3	18.4
パネル C　簿価時価比率																		
1997	1	0.444	0.444	29	0.730	0.562	–	–	–	–	–	–	12	0.716	0.672	42	0.719	0.583
1998	14	0.570	0.430	62	0.698	0.563	–	–	–	–	–	–	10	0.881	0.878	86	0.698	0.607
1999	7	0.290	0.234	73	0.326	0.192	2	0.037	0.037	–	–	–	24	0.575	0.444	106	0.375	0.220
2000	24	0.554	0.438	97	0.715	0.480	27	0.263	0.261	33	0.253	0.144	22	0.775	0.737	203	0.567	0.385
2001	16	0.615	0.470	97	0.510	0.345	7	0.117	0.106	43	0.269	0.223	6	0.818	0.502	169	0.454	0.328
2002	20	0.616	0.422	68	0.557	0.477	8	0.313	0.246	24	0.284	0.237	4	0.987	1.075	124	0.512	0.408
2003	17	0.634	0.637	62	0.572	0.406	31	0.207	0.133	7	0.293	0.278	4	0.839	0.976	121	0.480	0.345
2004	22	0.498	0.452	71	0.296	0.251	55	0.152	0.118	16	0.201	0.148	10	0.305	0.266	174	0.268	0.200
2005	18	0.478	0.436	65	0.294	0.258	36	0.084	0.075	21	0.109	0.062	17	0.181	0.166	157	0.230	0.168
2006	29	0.518	0.477	56	0.359	0.277	40	0.115	0.112	37	0.157	0.131	25	0.344	0.293	187	0.289	0.202
2007	10	0.815	0.762	44	0.410	0.363	20	0.207	0.167	24	0.319	0.256	11	0.628	0.455	109	0.412	0.336
全体	178	0.559	0.478	724	0.495	0.359	226	0.164	0.119	205	0.233	0.182	145	0.566	0.413	1478	0.423	0.286

市場別・年別にジャスダック指数変化率，企業年齢，簿価時価比率の平均値と中央値を示したものである．

業の企業年齢に関して，市場別・年別に平均値と中央値を示したものである．これをみると，実際に，東証やジャスダックはマザーズやヘラクレスと比べて企業年齢が高いことがわかる．そのため，マザーズやヘラクレスで IPO 企業の公開後のアンダーパフォーマンスが観察されるのは，相対的に企業年齢が低いからかもしれない．しかし，ジャスダックのみに着目すると，オーバーパフォーマンスの傾向がある時期（1997 年，2000–2003 年）とアンダーパフォーマンスの傾向がある時期（1999 年，2004–2007 年）とで企業年齢に大きな差があるわけではない．

Ritter (1991) のように簿価時価比率は企業価値の過大評価や過小評価の指標として解釈されることも多い（たとえば，Baker and Wurgler, 2002）．もし，この立場に立つならば，簿価時価比率が低い IPO 企業は，過大評価されている状況を見計らって公開していることを反映したものと解釈できる．そこで，より直接的に簿価時価比率が低い時期にアンダーパフォーマンスが観察されるかをみてみよう．表 5.6 のパネル C は，分析対象の IPO 企業の簿価時価比率に関して，市場別・年別に平均値と中央値を示したものである．まず，市場間を比較すると，東証やジャスダックよりもマザーズやヘラクレスのほうが簿価時価比率が低い．マザーズやヘラクレスで有意にアンダーパフォーマンスが観察されることと対応する．また，市場別でみると，マザーズやヘラクレスはどの時期でも相対的に簿価時価比率が低い．これは一貫してアンダーパフォーマンスが観察されることと符合する．一方，ジャスダックに着目すると，簿価時価比率が相対的に低い時期とアンダーパフォーマンスが観察される時期が対応していることがわかる．

　以上のことから，IPO 企業の簿価時価比率が過大評価や過小評価を反映しているならば，ジャスダックは IPO 企業が過大評価されている時期とそうでない時期（あるいは，過小評価）が混在していることを示唆している．一方で，マザーズやヘラクレスでは，一貫して過大評価されている可能性がある．そして，そのために時期や市場間で結果に違いが生じたと考えられる．また，パネル A とパネル B を合わせてみると，この過大評価の程度は，市場の過熱や企業年齢によって説明できない部分があることが示唆される．

　この解釈に基づけば，東証やジャスダックでも簿価時価比率の低い IPO 企業については，アンダーパフォーマンスが観察されることが予想される．そこで，サンプルサイズが確保できるジャスダックについて，IPO 企業の簿価時価比率に応じて 3 分位（低，中，高）にサンプルを分け，各クラスについてバイ・アンド・ホールド異常収益率を用い

第 5 章 IPO 後の長期株価パフォーマンス

た検証を行った（結果の表は章末 5.A 表 5.15 に掲載）．その結果，簿価時価比率が低い IPO 企業群 (LOW) は，マザーズやヘラクレスほどではないものの，アンダーパフォーマンスが有意に観察された．また，簿価時価比率が中程度の企業群 (MID) は，有意なアンダーパフォーマンスと有意なオーバーパフォーマンスが混在していた．簿価時価比率が高い IPO 企業群 (HIGH) は，有意なオーバーパフォーマンスが観察された．以上ことから，少なくともジャスダックにおいては，実際に簿価時価比率の低い IPO 企業がアンダーパフォーマンスしているといえる．

ここで，この解釈の留意点を述べておこう．本章では，簿価時価比率は投資家がプレミアムを求める要因を反映しているという立場をとっている．簿価時価比率が，投資家がプレミアムを求める要因を反映しているならば，その部分についてはコントロールする必要がある．一方で，投資家がプレミアムを求める要因に加えて，IPO 企業の簿価時価比率が過大評価の程度を表しているならば，過大評価を表す部分についてはコントロールする必要はない．なぜなら，本章では，効率的市場仮説に反して IPO 企業の公開後の長期アンダーパフォーマンス現象が観察されるのかを検証することを目的としているためである．過大評価は，投資家の要求するプレミアムに見合わない価格付けがなされていることを意味する．すなわち，その定義から，効率的市場仮説に反することを意味する[26]．

しかしながら，IPO 企業の簿価時価比率が「投資家がプレミアムを求める要因」と「過大評価」の両方を反映しているとすると，前者の

---

[26] 当然，ベンチマークについては適正な価格付けがなされているという前提が置かれている．そうでなければ，ベンチマークとしての意味を持たず，「異常」収益率を検出することはできない．この前提から，ベンチマークの簿価時価比率は，投資家がプレミアムを求める要因のみを反映していることになる．

みを識別してコントロールすることはできない[27]．そのため，IPO企業の低い簿価時価比率が過大評価を反映しているならば，簿価時価比率の効果をコントロールする場合，本来の水準よりも簿価時価比率の低いベンチマークが採用されている可能性がある．これは異常収益率を上昇させる方向に働く．したがって，簿価時価比率を考慮したベンチマークを採用した場合，簿価時価比率が低いIPOでは，そのアンダーパフォーマンスの程度が本章で示した結果よりも大きい可能性がある．

5.5.5 日本の先行研究との比較

ここでは，本章で得られた結果と日本における先行研究の結果を比較する．ただし，わが国を対象にした先行研究では，Cai and Wei (1997)を除いて，規模や簿価時価比率をコントロールしていない点に留意が必要である[28]．もし，規模や簿価時価比率が，投資家がプレミアムを求める要因を反映しているならば，たとえ本章と同様の結果が得られるとしても，市場インデックスをベンチマークとすることが正当化されるわけではない．

Cai and Wei (1997) では，1971年から1992年までの東証を分析対象としている．そして，通常のt検定を行い，規模や簿価時価比率の効果をコントロールしても，有意にアンダーパフォーマンスが観察されることを示している．これに対して，本章の東証を対象にした分析をみると，歪度修正t検定では，等加重の産業ポートフォリオをベンチマークとしたときアンダーパフォーマンスが観察されるが，それ以外の大

---

[27]これに対して，カレンダータイム・ポートフォリオ・アプローチでは，前者のみをコントロール可能であると考えられる．

[28]また，Cai and Wei (1997) の分析期間は公開価格の決定方式として固定価格方式と入札方式が，忽那 (2001) の分析期間は入札方式が採用されていた時期である．阿部 (2005) でも入札方式のIPOが混在している．もし，公開価格の決定方式が長期パフォーマンスに影響を与えるならば，本章の結果とこれらの結果を単純に比較できないことに留意する必要がある．

半は有意な結果となっていない．また，いくつかのベンチマークでは有意なオーバーパフォーマンスも観察される[29]．このことから，近年の東証の IPO 企業は，顕著にアンダーパフォーマンスすることはなくなった可能性がある．

本章では，ジャスダック（旧店頭市場）を対象にした場合，アンダーパフォーマンスが安定的に観察されるわけではない．一方で，忽那 (2001) では，1995 年と 1996 年を分析対象として，アンダーパフォーマンスを確認している．しかし，忽那 (2001) の分析期間は短いため，この時期に限定してアンダーパフォーマンスが観察される可能性は否定できない．また，阿部 (2005) では，1992 年から 2002 年の IPO を対象に，数種の市場インデックスをベンチマークとして，アンダーパフォーマンスだけでなくオーバーパフォーマンスも確認している．これは，本章と同様，ジャスダックでは公開後のアンダーパフォーマンスが安定的に観察されないことを示唆している．

テキ (2009) では，2001 年から 2006 年に新規株式公開を行った企業を対象とする分析を行い，公開後の長期パフォーマンスが低いことを確認している．これは，本章の全市場を対象にした結果と整合的といえよう．

鈴木 (2009) は，本章と同様な分析期間で，バイ・アンド・ホールド異常収益率の平均値が，ジャスダックでは正であること，ヘラクレスやマザーズでは負であることを指摘している．ただし，鈴木 (2009) のジャスダックの結果は，正の外れ値の影響を受けている可能性がある．これに対して，本章の結果から，ジャスダック市場では，たとえ外れ値を排除したとしても，ベンチマークによっては，バイ・アンド・ホールド異常収益率の平均値が有意に正となるといえる．また，本章では，マザーズやヘラクレスでは，バイ・アンド・ホールド異常収益率の平

---

[29] 本章でも，東証を対象に通常の t 検定も行ったが得られる結果に大きな違いはなかった．

均値が有意に負となることを示している．この結果は，鈴木 (2009) と整合的であるといえる．

5.6 カレンダータイム・ポートフォリオ・アプローチによる検証

5.6.1 検定方法

カレンダータイム・ポートフォリオ・アプローチでは，IPO 企業で構成されるポートフォリオの収益率を Fama-French の 3 ファクターに回帰し，切片の係数の推定値を異常収益率とみなす[30]．Fama-French の 3 ファクターモデルは，次の式で表される．

$$R_{p,\tau} - R_{f,\tau} = \alpha + \beta(R_{m,\tau} - R_{f,\tau}) + sSMB_\tau + hHML_\tau + \epsilon_\tau \quad (5.14)$$

ここで，$R_{p,\tau}$ は IPO 企業で構成されるポートフォリオの月次収益率，$R_{m,\tau}$ は市場の月次収益率，$R_{f,\tau}$ は安全資産の月次収益率，SMB_τ は規模が小さい企業で構成されるポートフォリオの月次収益率から規模が大きい企業で構成されるポートフォリオの月次収益率を減じたもの，HML_τ は簿価時価比率が高い企業で構成されるポートフォリオの月次収益率から簿価時価比率が低い企業で構成されるポートフォリオの月次収益率を減じたもの，ϵ_τ は誤差項である．

IPO 企業で構成されるポートフォリオは等加重と時価加重の 2 つを用意し，その月次収益率は次のように求める[31]．まず，初約定日後 756 営業日間以内の企業からなるポートフォリオを構成し，営業日ごとの収益率を求める．ここで，等加重ポートフォリオのウエイトは，その営業

---

[30] 以下で述べる Fama-French の 3 ファクターの構成法は，久保田・竹原 (2007) を参考にしている．

[31] カレンダータイム・ポートフォリオ・アプローチによる検証において，時価加重ポートフォリオを用いることによるバイアスについては，Loughran and Ritter (2000) を参照されたい．

日における初約定日後 756 営業日間以内の企業数の逆数である．また，時価加重ポートフォリオのウエイトは，前営業日の終値で算出した株式時価総額に基づいて計算する[32]．このとき，初約定日から 756 営業日を経過した銘柄，その前に上場廃止となった銘柄は，ポートフォリオの構成銘柄から除外する．また，上場後に株式発行をした場合，それ以降は構成銘柄から除外する．τ 月の月次収益率は，その月の営業日ごとの収益率（グロスの収益率）の積から 1 を減じて算出する．

　市場の月次収益率は次のように求める．初約定日後 756 営業を経過したすべての企業からなる時価加重ポートフォリオを構成し，営業日ごとの収益率を求める．ただし，株式発行を行った場合は株式発行から 756 営業日を経過していない銘柄は，ポートフォリオ構成銘柄から除外する．月次の市場収益率は，その月の営業日ごとの収益率（グロスの収益率）の積から 1 を減じて算出する．安全資産の収益率は，有担保翌日物コールレートの月中平均値を 12 で除したものを使用する．

　SMB と HML は次のように求める．簿価時価比率が負でない初約定日後 756 営業日を経過した企業を対象にする．ここでも，株式発行を行った企業は株式発行から 756 営業日を経過していない場合，対象から除外する．そして，それらを株式時価総額を 50 % 分位点（中央値）で分け，規模が大きいポートフォリオと規模が小さいポートフォリオを構成する．それとは独立に，簿価時価比率を 30% 分位点と 70% 分位点で分け，簿価時価比率が高位，中位，低位のポートフォリオを構成する．以上の操作で，規模小・簿価時価比率低 (SL)，規模小・簿価時価比率中 (SM)，規模小・簿価時価比率高 (SH)，規模大・簿価時価比率低 (BL)，規模大・簿価時価比率中 (BM)，規模大・簿価時価比率高 (BH) の 6 つのポートフォリオができる．そして，各ポートフォリオに対して，市場収益率と同様に月次収益率を算出する．SMB は，SH，SM，SL

---

[32] 時価加重ポートフォリオの収益率は (5.2) 式と同様に算出している．

ポートフォリオの月次収益率の算出平均から BH, BM, BL ポートフォリオの月次収益率の算出平均を減じたもので求める．HML は，SH, BH ポートフォリオの月次収益率の算出平均から SL, BL ポートフォリオの月次収益率の算出平均を減じたもので求める．ポートフォリオの組み換えは月末の株式時価総額と簿価時価比率に応じて行い，翌月の月初から適用する[33]．

回帰分析によって得られた α の推定値が，Fama-French の 3 ファクターでは説明することのできない異常収益率部分である．α の推定値が負で有意ならば，IPO 企業は公開後にアンダーパフォーマンスしていることになる．検定統計量は通常の t 値である．すなわち，

$$\frac{\hat{\alpha}}{S.E.(\hat{\alpha})} \tag{5.15}$$

である．ここで，$\hat{\alpha}$ は α の推定値，$S.E.(\hat{\alpha})$ は $\hat{\alpha}$ の標準誤差である．本章では，Fama-French の 3 ファクターモデルに基づく計測だけでなく，説明変数から SMB と HML を除いて，CAPM に基づく計測も同様に行う．分析期間は，1997 年 9 月から 2010 年 12 月までである．

ただし，5.2 節でも述べたとおり，この手法は IPO 企業からなるポートフォリオの平均月次異常収益率が 0 から異なっているかを検定するものである．そのため，投資家の経験する収益率を反映しているとは言い難い．この点に留意が必要である．

---

[33] Fama-French のポートフォリオの組み替えは月次で行われているのに対し，IPO 企業のポートフォリオは日次で組み換えられている．もし，両者をそろえるために IPO 企業のポートフォリオを月次で組み替えると初約定日からパフォーマンスを計測しないことになる．一方で，バイ・アンド・ホールド収益率を用いた検証では，収益率を初約定日から計測している．そのため，IPO 企業のポートフォリオを月次で組み替えると，バイ・アンド・ホールド収益率を用いた検証の結果を比較する際に整合性を欠いてしまう．また，Fama-French ポートフォリオの 6 クラスの特定（ポートフォリオの組み替え）は月末に行っているが，この 6 クラスについても日次グロスリターンの積から月次リターンを構成している．なお，米国の Fama-French の 3 ファクターは組み換えが年 1 回であるため，米国での検証もずれが生じていると考えられる．

5.6.2 検証結果
すべての市場のIPO企業を対象にした検証結果

表5.7は，すべてのIPO企業からなるポートフォリオを対象にした場合の計測結果である．まず，等加重ポートフォリオの結果をみる．Fama-Frenchの3ファクターモデルに基づく計測では，切片の係数は5％水準で有意に正である．これは，IPO企業が公開後に有意にオーバーパフォーマンスしていることを意味する．一方，CAPMに基づく計測では，切片の係数は有意ではない．次に，時価加重ポートフォリオの結果をみる．Fama-Frenchの3ファクターモデルに基づく計測では，切片の係数は10％水準で有意に正である．一方，CAPMに基づく計測では，切片の係数は有意ではない．以上のことから，Fama-Frenchの3ファクターモデルに基づく計測では，公開後のオーバーパフォーマンスが観察されるといえる．

全市場を分析対象とした場合，バイ・アンド・ホールド異常収益率を用いた検証では，アンダーパフォーマンスが観察されたにもかかわらず，カレンダータイム・ポートフォリオ・アプローチによる検証では，オーバーパフォーマンスが有意に観察される．したがって，検証方法によって結果が異なるため，この意味でも公開後の長期アンダーパフォーマンス現象は安定的に観察されるとはいえない．

5.2節でも述べたとおり，両検証の帰無仮説が全く異なるため，両者を単純に比較することはできないことに留意が必要だが，結果に違いが生じた1つの原因として，バイ・アンド・ホールド異常収益率を用いた検証で排除している外れ値の存在が挙げられる．脚注で述べたとおり，バイ・アンド・ホールド異常収益率を用いた計測であっても，外れ値を排除しなければ，平均値でみると有意に公開後のオーバーパフォーマンスが観察されている．

カレンダータイム・ポートフォリオ・アプローチでは，バイ・アンド・ホールド収益率を用いた検証で外れ値として排除した銘柄も，ポー

表 5.7　カレンダータイム・ポートフォリオ・アプローチの検証：全市場

	(Intercept)	$R_m - R_f$	SMB	HML	adj.R^2	F-stat.	obs.
等加重							
Fama-French	0.012 [2.555]**	1.271 [13.681]***	1.848 [11.158]***	0.053 [0.419]	0.621	87.336***	159
CAPM	0.009 [1.531]	1.054 [8.664]***			0.319	75.059***	159
時価加重							
Fama-French	0.012 [1.904]*	1.243 [10.312]***	1.219 [5.678]***	-0.451 [-2.750]***	0.431	40.950***	159
CAPM	0.004 [0.561]	1.091 [8.386]***			0.305	70.331***	159

被説明変数 $R_p - R_f$ は，IPO 企業で構成されるポートフォリオの月次収益率から安全資産の収益率を減じたものである．Fama-French の 3 ファクターモデルに基づく計測では，$R_m - R_f$，SMB，HML が説明変数である．CAPM に基づく計測では，$R_m - R_f$ が説明変数である．$R_m - R_f$ は市場の月次収益率から安全資産の月次収益率を減じたもの，SMB は規模が小さい企業で構成されるポートフォリオの月次収益率から規模が大きい企業で構成されるポートフォリオの月次収益率を減じたもの，HML は簿価時価率が高い企業で構成されるポートフォリオの月次収益率から簿価時価比率が低い企業で構成されるポートフォリオの月次収益率を減じたものである．上段が推定された係数を表し，下段カッコ内が t 値を表す．adj.R^2 は自由度修正済み決定係数，F-stat. は F 統計量，obs. は観測数である．***，**，*はそれぞれ 1％水準，5％水準，10％水準有意を表す．

トフォリオを構成する銘柄に含まれるために，オーバーパフォーマンスが観察された可能性がある．このことは，以下で述べる市場別の検証結果にもいえる．

市場別の検証結果

次に，市場別にサブサンプルに分けて検証する．市場別の検証結果は表 5.8 に示されている．パネル A の東証を対象にしたときの結果をみると，等加重ポートフォリオでは，Fama-French の 3 ファクターモデルに基づく計測では切片の係数は 5％水準で有意に正，CAPM に基づく計測では切片の係数は 10％水準で有意に正である．また，時価加重ポートフォリオでは，CAPM に基づく計測では切片の係数は有意ではないが，Fama-French の 3 ファクターモデルに基づく計測では切片の係数は 5％水準で有意に正である．次に，パネル B のジャスダックを対象にしたときの結果をみると，東証と同様の結果であることがわ

かる.

したがって，東証とジャスダックでは，有意にオーバーパフォーマンスが観察される．一方で，マザーズやヘラクレスを対象にした場合（パネル C とパネル D），等加重ポートフォリオであっても時価加重ポートフォリオであっても，Fama-French の 3 ファクターモデルに基づく計測と CAPM に基づく計測ともに，切片の係数は有意ではない．バイ・アンド・ホールド異常収益率を用いた検証と異なりマザーズとヘラクレスで有意にアンダーパフォーマンスが観察されないのは，前述したように外れ値が影響した可能性に加えて，検定力にも原因があるのかもしれない[34]．

このように，Fama-French に基づく計測では，東証とジャスダックで有意にオーバーパフォーマンスが観察される．一方，マザーズとヘラクレスでは有意な結果は得られない．

カレンダータイム・ポートフォリオ・アプローチによる検証でも，市場間で結果の違いが生じている．

年別の検証結果

バイ・アンド・ホールド異常収益率を用いた検証と同様，市場別に公開年ごとの IPO 企業の公開後の長期パフォーマンスを検証する[35]．対象は，ジャスダック，マザーズ，ヘラクレスである．ここでも，マザーズとヘラクレスは同一サンプルにまとめる（マザーズ・ヘラクレス）．

以下では，Fama-French の 3 ファクターモデルに基づく計測結果のみを述べる．ジャスダックを対象にしたときの検証結果は以下のとおりである（結果の表は未掲載）．等加重ポートフォリオの場合，1997 年，

---

[34] 実際，バイ・アンド・ホールド異常収益率を用いた検証では，マザーズを対象にした場合，外れ値を排除しなくても，有意なアンダーパフォーマンスが観察されている．そのため，外れ値が影響している可能性は低い．

[35] 各年に上場した IPO 企業でポートフォリオを構成する．このポートフォリオは，翌年 1 月以降に企業が追加されることはないが，構成銘柄数が 0 とならなければ，翌年 1 月以降最大で 36 カ月間は収益率が存在することになる．

表 5.8　カレンダータイム・ポートフォリオ・アプローチの検証結果：市場別

	(Intercept)	$R_m - R_f$	SMB	HML	adj.R^2	F-stat.	obs.
パネル A：東証							
等加重							
Fama-French	0.009 [2.163]**	1.073 [12.901]***	1.027 [6.933]***	0.128 [1.123]	0.545	63.781***	158
CAPM	0.008 [1.854]*	0.964 [10.324]***			0.402	106.579***	158
時価加重							
Fama-French	0.013 [2.110]**	1.045 [8.514]***	0.527 [2.413]**	-0.429 [-2.558]**	0.320	25.679***	158
CAPM	0.007 [1.114]	0.974 [7.874]***			0.280	62.000***	158
パネル B：ジャスダック							
等加重							
Fama-French	0.015 [3.315]***	1.235 [13.731]***	1.793 [11.186]***	0.119 [0.976]	0.625	88.703***	159
CAPM	0.013 [2.274]**	1.026 [8.665]***			0.319	75.074***	159
時価加重							
Fama-French	0.017 [2.411]**	1.375 [9.943]***	1.906 [7.732]***	-0.489 [-2.602]**	0.454	44.820***	159
CAPM	0.007 [0.902]	1.142 [7.175]***			0.242	51.487***	159
パネル C：マザーズ							
等加重							
Fama-French	-0.006 [-0.558]	1.767 [8.323]***	2.733 [7.276]***	0.161 [0.431]	0.423	32.990***	132
CAPM	-0.009 [-0.785]	1.386 [5.719]***			0.195	32.706***	132
時価加重							
Fama-French	-0.010 [-0.893]	1.466 [6.675]***	2.406 [6.190]***	-0.254 [-0.658]	0.338	23.269***	132
CAPM	-0.018 [-1.574]	1.143 [4.725]***			0.140	22.322***	132
パネル D：ヘラクレス							
等加重							
Fama-French	0.004 [0.517]	1.529 [9.577]***	2.428 [8.522]***	0.006 [0.020]	0.511	44.540***	126
CAPM	0.001 [0.065]	1.195 [6.172]***			0.229	38.099***	126
時価加重							
Fama-French	0.002 [0.183]	1.540 [8.058]***	2.323 [6.812]***	-0.372 [-1.042]	0.422	31.445***	126
CAPM	-0.007 [-0.631]	1.232 [5.674]***			0.200	32.196***	126

被説明変数 $R_p - R_f$ は，IPO 企業で構成されるポートフォリオの月次収益率から安全資産の収益率を減じたものである．Fama-French の 3 ファクターモデルに基づく計測では，$R_m - R_f$，SMB，HML が説明変数である．CAPM に基づく計測では，$R_m - R_f$ が説明変数である．$R_m - R_f$ は市場の月次収益率から安全資産の月次収益率を減じたもの，SMB は規模が小さい企業で構成されるポートフォリオの月次収益率から規模が大きい企業で構成されるポートフォリオの月次収益率を減じたもの，HML は簿価時価が高い企業で構成されるポートフォリオの月次収益率から簿価時価比率が低い企業で構成されるポートフォリオの月次収益率を減じたものである．上段が推定された係数を表し，下段カッコ内が t 値を表す．adj.R^2 は自由度修正済み決定係数，F-stat. は F 統計量，obs. は観測数である．***，**，*はそれぞれ 1％水準，5％水準，10％水準有意を表す．

1998年，1999年，2001年の切片の係数は有意に正である．それ以外は有意ではない．一方，時価加重ポートフォリオの場合，2001年の切片の係数は有意ではないが，それ以外は等加重ポートフォリオと同様の結果である．1997年，1998年，2001年の結果は，年別のバイ・アンド・ホールド収益率を用いた検証の結果と整合的である．しかし，1999年は，バイ・アンド・ホールド収益率を用いた検証ではアンダーパフォーマンスが観察されたのに対して，カレンダータイム・ポートフォリオ・アプローチによる検証ではオーバーパフォーマンスが観察されている．後者の検証では月次収益率を用いている．そのため，もし1999年のITバブル期においてIPO企業のほうが既公開企業より株価上昇が大きいならば，それが月次収益率に反映され，オーバーパフォーマンスが観察された可能性がある．

マザーズ・ヘラクレスを対象にしたときの検証結果は以下のとおりである（結果の表は未掲載）．等加重ポートフォリオの場合，2001年の切片の係数は10％水準で有意に正である．それ以外は有意ではない．一方で，時価加重ポートフォリオの場合はすべての年で有意な結果は得られていない．このように，バイ・アンド・ホールド収益率を用いた検証で観察されたアンダーパフォーマンスが，カレンダータイム・ポートフォリオ・アプローチによる検証では観察されない[36]．

ただし，以上の結果は，サンプルサイズが小さく，検定力が低いために有意な結果が得られなかった可能性がある．この点に留意が必要である．

---

[36] カレンダータイム・ポートフォリオ・アプローチについても，対象をジャスダックとして，IPO企業の簿価時価比率に応じて3分位（低，中，高）に分け，各クラスについて検証を行った（結果の表は未掲載）．その結果，簿価時価比率が低いIPO企業群では，等加重ポートフォリオの場合のFama-Frenchに基づく計測式において，切片の係数が10％水準で有意に正となったが，それ以外の計測式では有意ではなく，ヘラクレスやマザーズとほぼ同じ結果となった．一方で，簿価時価比率が中程度のIPO企業群や簿価時価比率が高いIPO企業群では，CAPMに基づく計測式で有意性が若干低下するものの，それ以外の計測式では切片の係数が1％水準で有意に正であった．

5.7 結語

　IPO 企業の公開後の長期パフォーマンスの悪さは，IPO をめぐる定型化された事実の1つとして認識されている．本章では，わが国における 1997 年 9 月以降の IPO を対象に，規模や簿価時価比率の効果をコントロールした上で，実際に長期パフォーマンスの悪さが観察されるのか否かを2つの方法で検証した．一つは，バイ・アンド・ホールド異常収益率を用いた検証，もう一つは，カレンダータイム・ポートフォリオ・アプローチによる検証である．前者の検証では，全市場の IPO を対象とすると，有意に公開後のアンダーパフォーマンスが観察された．ただし，サブサンプルによる分析の結果，マザーズやヘラクレスと異なり，東証やジャスダックではアンダーパフォーマンスが安定的に観察されないという結果を得た．一方で，後者の検証では，全市場の IPO を対象とすると，むしろ有意にオーバーパフォーマンスをしているという結果を得た．ここでも市場によって結果は異なっていた．以上のことから，公開後の長期アンダーパフォーマンス現象は，すべての市場で観察されるわけではないこと，また，採用する検証方法によって結果が異なることが明らかになった．したがって，IPO 企業の公開後の長期アンダーパフォーマンス現象は，必ずしも安定的に観察されるものではないといえる．

　最後に今後の課題について述べておこう．バイ・アンド・ホールド異常収益率を用いた検証では，IPO 企業の簿価時価比率が低い時期や市場で，アンダーパフォーマンス現象が観察された．そのため，時期や市場間のパフォーマンスの違いが，過大評価の程度が異なることよってもたらされている可能性を指摘した．もし簿価時価比率が本当に過大評価の代理指標となっているならば，どのような IPO 企業が過大評価されるのかを明らかにするために，クロスセクション方向での分析

が必要であろう．こうすることで，過大評価される IPO 企業の特徴が明らかになれば，公開後の長期アンダーパフォーマンス現象を説明する理論を探るための第一歩となると考えられる．

5.A 付録

表 5.9 検定結果（フルサンプル）：全市場

	ブートストラップ法による歪度調整 t 検定			経験分布による検定	
	平均値	歪度修正 t 統計量	5% 水準 両側臨界値	平均値	5% 水準 両側臨界値
マッチング					
簿価時価比率-規模 M	0.272	5.247	[-2.836, 1.866]***		
産業-規模 M	0.087	1.405	[-2.897, 1.866]		
産業-簿価時価比率 M	0.302	6.182	[-2.878, 1.886]***		
産業-簿価時価比率-規模 M	0.222	4.125	[-2.886, 1.883]***		
レファレンス・ポートフォリオ					
等加重ポートフォリオ					
規模 P	0.079	1.361	[-2.669, 1.822]	0.079	[-0.041, 0.046]***
簿価時価比率 P	0.269	5.732	[-2.682, 1.826]***	0.269	[-0.035, 0.039]***
規模-簿価時価比率 P	0.238	4.892	[-2.693, 1.827]***	0.238	[-0.041, 0.043]***
産業 P	0.121	2.201	[-2.750, 1.857]**	0.121	[-0.042, 0.048]***
全既公開企業 P	0.094	1.647	[-2.774, 1.863]*	0.094	[-0.041, 0.045]***
簿価時価比率-規模 MP	0.274	5.876	[-2.709, 1.839]***	0.274	[-0.040, 0.043]***
産業-規模 MP	0.111	1.976	[-2.733, 1.815]**	0.111	[-0.041, 0.045]***
産業-簿価時価比率 MP	0.258	5.409	[-2.918, 1.881]***	0.258	[-0.034, 0.038]***
産業-簿価時価比率-規模 MP	0.258	5.375	[-2.867, 1.830]***	0.258	[-0.034, 0.036]***
時価加重ポートフォリオ					
規模 P	0.069	1.180	[-2.761, 1.896]	0.069	[-0.051, 0.035]***
簿価時価比率 P	0.285	6.123	[-2.684, 1.831]***	0.285	[-0.018, 0.054]***
規模-簿価時価比率 P	0.243	5.055	[-2.691, 1.871]***	0.243	[-0.034, 0.050]***
産業 P	0.263	5.609	[-2.728, 1.810]***	0.263	[0.101, 0.190]***
全既公開企業 P	0.336	7.560	[-2.654, 1.852]***	0.336	[0.200, 0.286]***
簿価時価比率-規模 MP	0.272	5.831	[-2.799, 1.870]***	0.272	[-0.041, 0.039]***
産業-規模 MP	0.119	2.123	[-2.949, 1.845]**	0.119	[-0.033, 0.052]***
産業-簿価時価比率 MP	0.281	5.999	[-2.852, 1.881]***	0.281	[-0.011, 0.061]***
産業-簿価時価比率-規模 MP	0.298	6.433	[-2.859, 1.811]***	0.298	[0.003, 0.073]***

各ベンチマークに対する検定結果を示している．M はマッチング企業，P はポートフォリオ，MP はマッチングポートフォリオである．ブートストラップ法による歪度修正 t 検定，経験分布による検定ともに，有意水準を 5% としたときの臨界値のみを記している．***，**，*はそれぞれ 1%水準，5%水準，10%水準有意を表す．

第 5 章 IPO 後の長期株価パフォーマンス

表 5.10 検定結果（フルサンプル）：東証

	ブートストラップ法による歪度調整 t 検定			経験分布による検定	
	平均値	歪度修正 t 統計量	5% 水準 両側臨界値	平均値	5% 水準 両側臨界値
マッチング					
簿価時価比率-規模 M	0.206	2.547	[-2.658, 1.962]***		
産業-規模 M	-0.059	-0.503	[-2.295, 2.463]		
産業-簿価時価比率 M	0.075	0.632	[-2.352, 2.497]		
産業-簿価時価比率-規模 M	0.016	0.120	[-2.301, 2.663]		
レファレンス・ポートフォリオ					
等加重ポートフォリオ					
規模 P	0.037	0.533	[-2.786, 1.861]	0.037	[-0.098, 0.119]
簿価時価比率 P	0.155	2.364	[-2.647, 1.828]***	0.155	[-0.099, 0.122]**
規模-簿価時価比率 P	0.131	1.961	[-2.701, 1.803]**	0.131	[-0.098, 0.121]**
産業 P	0.012	0.199	[-2.834, 1.934]	0.012	[-0.120, 0.133]
全既公開企業 P	0.010	0.175	[-2.741, 1.886]	0.010	[-0.110, 0.138]
簿価時価比率-規模 MP	0.155	2.439	[-2.771, 1.834]***	0.155	[-0.097, 0.142]**
産業-規模 MP	0.046	0.656	[-2.886, 1.923]	0.046	[-0.108, 0.119]
産業-簿価時価比率 MP	0.034	0.304	[-2.434, 2.401]	0.034	[-0.086, 0.094]
産業-簿価時価比率-規模 MP	0.040	0.362	[-2.442, 2.422]	0.040	[-0.083, 0.093]
時価加重ポートフォリオ					
規模 P	0.039	0.557	[-2.761, 1.883]	0.039	[-0.097, 0.124]
簿価時価比率 P	0.175	2.705	[-2.891, 1.896]***	0.175	[-0.078, 0.144]**
規模-簿価時価比率 P	0.131	2.004	[-2.744, 1.826]**	0.131	[-0.099, 0.122]**
産業 P	0.208	3.314	[-2.728, 1.867]***	0.208	[0.076, 0.332]
全既公開企業 P	0.262	4.079	[-2.821, 1.863]***	0.262	[0.140, 0.390]
簿価時価比率-規模 MP	0.160	2.506	[-2.776, 1.840]***	0.160	[-0.092, 0.150]**
産業-規模 MP	0.107	1.548	[-2.754, 1.875]	0.107	[-0.047, 0.182]
産業-簿価時価比率 MP	0.068	0.610	[-2.333, 2.406]	0.068	[-0.048, 0.127]
産業-簿価時価比率-規模 MP	0.084	0.741	[-2.416, 2.406]	0.084	[-0.041, 0.135]

各ベンチマークに対する検定結果を示している．M はマッチング企業，P はポートフォリオ，MP はマッチングポートフォリオである．ブートストラップ法による歪度修正 t 検定，経験分布による検定ともに，有意水準を 5% としたときの臨界値のみを記している．***，**，*はそれぞれ 1%水準，5%水準，10%水準有意を表す．

表 5.11 検定結果（フルサンプル）：ジャスダック

	ブートストラップ法による歪度調整 t 検定			経験分布による検定	
	平均値	歪度修正 t 統計量	5% 水準 両側臨界値	平均値	5% 水準 両側臨界値
マッチング					
簿価時価比率-規模 M	0.591	6.588	[-3.338, 1.787]***		
産業-規模 M	0.410	4.079	[-3.479, 1.818]***		
産業-簿価時価比率 M	0.621	7.352	[-3.138, 1.841]***		
産業-簿価時価比率-規模 M	0.507	5.487	[-3.382, 1.832]***		
レファレンス・ポートフォリオ					
等加重ポートフォリオ					
規模 P	0.400	4.277	[-2.837, 1.797]***	0.400	[-0.061, 0.070]***
簿価時価比率 P	0.596	7.149	[-2.728, 1.775]***	0.596	[-0.052, 0.058]***
規模-簿価時価比率 P	0.565	6.666	[-2.821, 1.811]***	0.565	[-0.060, 0.067]***
産業 P	0.443	4.921	[-2.841, 1.802]***	0.443	[-0.063, 0.076]***
全既公開企業 P	0.425	4.598	[-2.810, 1.824]***	0.425	[-0.061, 0.068]***
簿価時価比率-規模 MP	0.591	7.086	[-2.816, 1.788]***	0.591	[-0.059, 0.064]***
産業-規模 MP	0.423	4.601	[-2.951, 1.790]***	0.423	[-0.060, 0.063]***
産業-簿価時価比率 MP	0.562	6.732	[-2.971, 1.795]***	0.562	[-0.054, 0.063]***
産業-簿価時価比率-規模 MP	0.584	7.027	[-2.990, 1.778]***	0.584	[-0.053, 0.057]***
時価加重ポートフォリオ					
規模 P	0.385	4.066	[-2.872, 1.751]***	0.385	[-0.076, 0.052]***
簿価時価比率 P	0.615	7.415	[-2.815, 1.824]***	0.615	[-0.034, 0.079]***
規模-簿価時価比率 P	0.564	6.659	[-2.830, 1.799]***	0.564	[-0.062, 0.069]***
産業 P	0.579	6.928	[-2.918, 1.807]***	0.579	[0.070, 0.212]***
全既公開企業 P	0.692	8.678	[-2.767, 1.823]***	0.692	[0.206, 0.334]***
簿価時価比率-規模 MP	0.586	7.026	[-2.976, 1.795]***	0.586	[-0.066, 0.057]***
産業-規模 MP	0.423	4.589	[-2.903, 1.782]***	0.423	[-0.060, 0.064]***
産業-簿価時価比率 MP	0.574	6.875	[-2.955, 1.792]***	0.574	[-0.045, 0.075]***
産業-簿価時価比率-規模 MP	0.613	7.473	[-3.052, 1.820]***	0.613	[-0.026, 0.084]***

各ベンチマークに対する検定結果を示している．M はマッチング企業，P はポートフォリオ，MP はマッチングポートフォリオである．ブートストラップ法による歪度修正 t 検定，経験分布による検定ともに，有意水準を 5% としたときの臨界値のみを記している．***，**，* はそれぞれ 1% 水準，5% 水準，10% 水準有意を表す．

第 5 章 IPO 後の長期株価パフォーマンス

表 5.12 検定結果（フルサンプル）：マザーズ

	ブートストラップ法による歪度調整 t 検定			経験分布による検定	
	平均値	歪度修正 t 統計量	5% 水準 両側臨界値	平均値	5% 水準 両側臨界値
マッチング					
簿価時価比率-規模 M	-0.273	-3.240	[-2.249, 2.273]***		
産業-規模 M	-0.438	-5.343	[-2.264, 2.200]***		
産業-簿価時価比率 M	-0.172	-1.872	[-2.356, 2.357]		
産業-簿価時価比率-規模 M	-0.302	-3.237	[-2.305, 2.213]***		
レファレンス・ポートフォリオ					
等加重ポートフォリオ					
規模 P	-0.468	-3.862	[-2.395, 2.016]***	-0.468	[-0.099, 0.124]***
簿価時価比率 P	-0.252	-2.579	[-2.327, 1.915]**	-0.252	[-0.085, 0.096]***
規模-簿価時価比率 P	-0.293	-2.833	[-2.400, 1.926]**	-0.293	[-0.098, 0.111]***
産業 P	-0.419	-3.486	[-2.580, 1.902]**	-0.419	[-0.097, 0.135]***
全既公開企業 P	-0.457	-3.575	[-2.493, 1.907]***	-0.457	[-0.098, 0.119]***
簿価時価比率-規模 MP	-0.227	-2.439	[-2.422, 1.922]**	-0.227	[-0.089, 0.099]***
産業-規模 MP	-0.452	-4.784	[-2.424, 2.036]***	-0.452	[-0.107, 0.168]***
産業-簿価時価比率 MP	-0.197	-2.224	[-2.645, 1.927]*	-0.197	[-0.080, 0.089]***
産業-簿価時価比率-規模 MP	-0.262	-2.750	[-2.566, 1.976]**	-0.262	[-0.089, 0.099]***
時価加重ポートフォリオ					
規模 P	-0.476	-4.264	[-2.409, 1.991]***	-0.476	[-0.107, 0.116]***
簿価時価比率 P	-0.263	-2.633	[-2.441, 1.913]**	-0.263	[-0.097, 0.084]***
規模-簿価時価比率 P	-0.277	-2.824	[-2.457, 1.915]**	-0.277	[-0.084, 0.130]***
産業 P	-0.295	-2.785	[-2.465, 1.901]**	-0.295	[0.025, 0.258]***
全既公開企業 P	-0.297	-2.909	[-2.445, 1.886]**	-0.297	[0.061, 0.283]***
簿価時価比率-規模 MP	-0.222	-2.464	[-2.506, 1.932]*	-0.222	[-0.087, 0.099]***
産業-規模 MP	-0.462	-6.390	[-2.312, 2.217]***	-0.462	[-0.116, 0.158]***
産業-簿価時価比率 MP	-0.166	-1.923	[-2.462, 1.850]	-0.166	[-0.051, 0.121]***
産業-簿価時価比率-規模 MP	-0.205	-2.318	[-2.481, 1.915]*	-0.205	[-0.032, 0.153]***

各ベンチマークに対する検定結果を示している．M はマッチング企業，P はポートフォリオ，MP はマッチングポートフォリオである．ブートストラップ法による歪度修正 t 検定，経験分布による検定ともに，有意水準を 5% としたときの臨界値のみを記している．***，**，* はそれぞれ 1% 水準，5% 水準，10% 水準有意を表す．

表 5.13　検定結果（フルサンプル）：ヘラクレス

	ブートストラップ法による歪度調整 t 検定			経験分布による検定	
	平均値	歪度修正 t 統計量	5% 水準 両側臨界値	平均値	5% 水準 両側臨界値
マッチング					
簿価時価比率-規模 M	0.056	0.624	[-2.723, 1.947]		
産業-規模 M	-0.185	-1.750	[-2.540, 1.989]		
産業-簿価時価比率 M	0.107	1.170	[-2.804, 1.929]		
産業-簿価時価比率-規模 M	0.094	1.086	[-2.674, 1.921]		
レファレンス・ポートフォリオ					
等加重ポートフォリオ					
規模 P	-0.267	-2.355	[-2.904, 1.868]*	-0.267	[-0.097, 0.111]***
簿価時価比率 P	0.007	0.114	[-2.646, 1.847]	0.007	[-0.081, 0.090]
規模-簿価時価比率 P	-0.041	-0.399	[-2.810, 1.841]	-0.041	[-0.095, 0.104]
産業 P	-0.158	-1.508	[-2.803, 1.882]	-0.158	[-0.085, 0.096]***
全既公開企業 P	-0.236	-2.114	[-2.829, 1.897]	-0.236	[-0.098, 0.116]***
簿価時価比率-規模 MP	0.020	0.264	[-2.813, 1.873]	0.020	[-0.092, 0.101]
産業-規模 MP	-0.146	-1.402	[-2.699, 1.879]	-0.146	[-0.077, 0.078]***
産業-簿価時価比率 MP	0.105	1.274	[-2.632, 1.866]	0.105	[-0.060, 0.065]***
産業-簿価時価比率-規模 MP	0.071	0.847	[-2.676, 1.856]	0.071	[-0.064, 0.070]**
時価加重ポートフォリオ					
規模 P	-0.287	-2.525	[-3.025, 1.896]*	-0.287	[-0.116, 0.090]***
簿価時価比率 P	0.061	0.723	[-2.675, 1.884]	0.061	[-0.029, 0.145]
規模-簿価時価比率 P	-0.041	-0.415	[-2.723, 1.895]	-0.041	[-0.096, 0.105]
産業 P	0.039	0.466	[-2.687, 1.881]	0.039	[0.113, 0.297]***
全既公開企業 P	0.038	0.469	[-2.684, 1.842]	0.038	[0.176, 0.392]***
簿価時価比率-規模 MP	-0.007	-0.041	[-2.876, 1.904]	-0.007	[-0.118, 0.075]
産業-規模 MP	-0.146	-1.412	[-2.654, 1.871]	-0.146	[-0.075, 0.079]***
産業-簿価時価比率 MP	0.164	2.003	[-2.697, 1.865]**	0.164	[-0.003, 0.125]***
産業-簿価時価比率-規模 MP	0.128	1.572	[-2.689, 1.879]	0.128	[-0.012, 0.121]**

各ベンチマークに対する検定結果を示している．M はマッチング企業，P はポートフォリオ，MP はマッチングポートフォリオである．ブートストラップ法による歪度修正 t 検定，経験分布による検定ともに，有意水準を 5% としたときの臨界値のみを記している．***，**，* はそれぞれ 1%水準，5%水準，10%水準有意を表す．

表 5.14　バイ・アンド・ホールド異常収益率を用いた検証の結果：年別

| | ブートストラップ法による歪度調整 t 検定 | | | 経験分布による検定 | | | | |
| | 外れ値排除サンプル | | | 外れ値排除サンプル | | フルサンプル | | |
	平均値	歪度修正 t 統計量	5% 水準 両側臨界値	平均値	5% 水準 両側臨界値	中央値	5% 水準 両側臨界値

パネル A：ジャスダック

1997 年
簿価時価比率-規模 MP	0.732	3.797	[-3.000, 2.163]**	0.732	[-0.171, 0.266]***	0.978	[-0.181, 0.085]***
産業-規模 MP	0.935	3.885	[-5.123, 1.738]***	0.935	[-0.107, 0.400]***	0.548	[-0.143, 0.154]***
産業-簿価時価比率-規模 MP	0.650	2.970	[-3.336, 2.142]**	0.650	[-0.202, 0.404]***	0.732	[-0.234, 0.043]***

1998 年
簿価時価比率-規模 MP	1.072	7.265	[-2.666, 1.906]***	1.072	[-0.158, 0.344]***	0.854	[-0.191, 0.004]***
産業-規模 MP	0.945	6.413	[-2.778, 1.850]***	0.945	[-0.107, 0.340]***	0.712	[-0.186, 0.035]***
産業-簿価時価比率-規模 MP	0.862	5.459	[-2.789, 1.977]***	0.862	[-0.186, 0.353]***	0.631	[-0.200, 0.017]***

1999 年
簿価時価比率-規模 MP	0.018	0.213	[-2.778, 2.001]	0.018	[-0.044, 0.311]	-0.116	[-0.092, 0.103]**
産業-規模 MP	-0.184	-2.408	[-2.467, 2.008]*	-0.184	[-0.068, 0.258]***	-0.290	[-0.092, 0.097]***
産業-簿価時価比率-規模 MP	-0.116	-1.419	[-2.527, 2.042]	-0.116	[-0.063, 0.302]***	-0.202	[-0.089, 0.088]***

2000 年
簿価時価比率-規模 MP	0.166	2.688	[-2.539, 1.928]***	0.166	[-0.084, 0.130]**	0.036	[-0.131, 0.049]*
産業-規模 MP	0.014	0.216	[-2.742, 1.947]	0.014	[-0.077, 0.105]	-0.076	[-0.110, 0.072]
産業-簿価時価比率-規模 MP	0.169	2.665	[-2.537, 1.905]***	0.169	[-0.058, 0.097]***	0.006	[-0.102, 0.077]

2001 年
簿価時価比率-規模 MP	0.177	1.927	[-2.295, 1.969]*	0.177	[-0.233, 0.110]***	-0.038	[-0.289, -0.092]***
産業-規模 MP	-0.009	-0.075	[-2.220, 1.960]	-0.009	[-0.190, 0.105]	-0.172	[-0.233, -0.003]
産業-簿価時価比率-規模 MP	0.361	3.699	[-2.417, 1.970]***	0.361	[-0.069, 0.137]***	0.151	[-0.099, 0.066]***

2002 年
簿価時価比率-規模 MP	-0.104	-0.609	[-3.568, 1.941]	-0.104	[-0.556, 0.180]	-0.290	[-0.583, -0.211]
産業-規模 MP	-0.298	-1.867	[-2.669, 2.031]	-0.298	[-0.529, 0.088]	-0.373	[-0.522, -0.065]
産業-簿価時価比率-規模 MP	0.332	2.134	[-3.212, 1.923]**	0.332	[-0.264, 0.209]***	0.060	[-0.329, 0.003]***

2003 年
簿価時価比率-規模 MP	0.821	3.192	[-2.795, 1.859]***	0.821	[-0.384, 0.187]***	0.061	[-0.533, -0.030]***
産業-規模 MP	0.267	1.201	[-3.089, 1.874]	0.267	[-0.468, 0.280]*	-0.169	[-0.431, 0.037]
産業-簿価時価比率-規模 MP	0.642	2.976	[-2.858, 1.856]***	0.642	[-0.329, 0.243]***	0.194	[-0.457, -0.035]***

2004 年
簿価時価比率-規模 MP	-0.226	-2.003	[-2.741, 1.964]	-0.226	[-0.133, 0.235]***	-0.388	[-0.195, 0.132]***
産業-規模 MP	-0.412	-3.887	[-2.510, 2.024]***	-0.412	[-0.152, 0.266]***	-0.503	[-0.194, 0.087]***
産業-簿価時価比率-規模 MP	-0.277	-2.740	[-2.605, 2.074]**	-0.277	[-0.159, 0.231]***	-0.368	[-0.218, 0.130]***

2005 年
簿価時価比率-規模 MP	-0.232	-3.093	[-2.974, 1.957]**	-0.232	[-0.025, 0.276]***	-0.273	[-0.106, 0.148]***
産業-規模 MP	-0.303	-3.501	[-3.185, 1.922]**	-0.303	[-0.009, 0.226]***	-0.382	[-0.065, 0.150]***
産業-簿価時価比率-規模 MP	-0.196	-2.763	[-2.961, 2.076]*	-0.196	[0.007, 0.260]***	-0.194	[-0.068, 0.145]***

2006 年
簿価時価比率-規模 MP	-0.136	-2.788	[-2.839, 2.082]*	-0.136	[-0.020, 0.174]***	-0.165	[-0.070, 0.103]***
産業-規模 MP	-0.229	-4.232	[-2.659, 1.943]**	-0.229	[-0.042, 0.132]***	-0.273	[-0.071, 0.076]***
産業-簿価時価比率-規模 MP	-0.134	-2.594	[-2.768, 1.981]*	-0.134	[-0.023, 0.150]***	-0.168	[-0.065, 0.104]***

2007 年
簿価時価比率-規模 MP	-0.141	-1.821	[-3.328, 1.903]	-0.141	[-0.104, 0.136]***	-0.215	[-0.134, 0.047]***
産業-規模 MP	-0.207	-3.171	[-2.764, 2.054]**	-0.207	[-0.089, 0.113]***	-0.232	[-0.109, 0.086]***
産業-簿価時価比率-規模 MP	-0.263	-5.438	[-2.484, 2.067]***	-0.263	[-0.134, 0.106]***	-0.251	[-0.166, 0.040]***

年別の検証結果を表している．MP はマッチングポートフォリオである．ブートストラップ法による歪度修正 t 検定，経験分布による検定ともに，有意水準を 5% としたときの臨界値のみを記している．***，**，*はそれぞれ 1%水準，5%水準，10%水準有意を表す．

表 5.14　バイ・アンド・ホールド異常収益率を用いた検証：年別（続き）

	ブートストラップ法による歪度調整 t 検定			経験分布による検定			
	外れ値排除サンプル			外れ値排除サンプル		フルサンプル	
	平均値	歪度修正 t 統計量	5% 水準 両側臨界値	平均値	5% 水準 両側臨界値	中央値	5% 水準 両側臨界値
パネル B：マザーズ・ヘラクレス							
2000 年							
簿価時価比率-規模 MP	-0.334	-4.636	[-2.976, 2.040]***	-0.334	[-0.159, 0.184]***	-0.406	[-0.199, 0.023]***
産業-規模 MP	-0.386	-4.077	[-3.285, 1.889]**	-0.386	[-0.084, 0.158]***	-0.526	[-0.110, 0.086]***
産業-簿価時価比率-規模 MP	-0.270	-3.763	[-3.012, 1.975]**	-0.270	[-0.061, 0.107]***	-0.372	[-0.086, 0.074]***
2001 年							
簿価時価比率-規模 MP	-0.190	-1.520	[-3.019, 2.027]	-0.190	[-0.267, 0.239]	-0.303	[-0.330, -0.047]
産業-規模 MP	-0.427	-2.946	[-2.778, 1.958]**	-0.427	[-0.240, 0.179]***	-0.593	[-0.266, 0.018]***
産業-簿価時価比率-規模 MP	0.018	0.180	[-3.532, 1.891]	0.018	[-0.101, 0.155]	-0.181	[-0.134, 0.118]***
2002 年							
簿価時価比率-規模 MP	-0.138	-0.335	[-4.490, 1.893]	-0.138	[-0.781, 0.012]	-0.552	[-0.641, -0.104]
産業-規模 MP	-0.139	-0.323	[-5.927, 1.821]	-0.139	[-0.446, 0.380]	-0.620	[-0.543, 0.104]**
産業-簿価時価比率-規模 MP	0.393	1.236	[-7.161, 1.706]	0.393	[-0.258, 0.310]**	-0.283	[-0.239, 0.100]**
2003 年							
簿価時価比率-規模 MP	0.021	0.113	[-3.573, 1.750]	0.021	[-0.372, 0.194]	-0.674	[-0.470, 0.093]***
産業-規模 MP	-0.449	-1.405	[-3.514, 1.868]	-0.449	[-0.436, 0.377]**	-1.128	[-0.580, 0.076]***
産業-簿価時価比率-規模 MP	-0.034	-0.100	[-4.260, 1.830]	-0.034	[-0.239, 0.463]	-0.475	[-0.420, 0.131]**
2004 年							
簿価時価比率-規模 MP	-0.354	-2.477	[-2.646, 1.902]*	-0.354	[-0.156, 0.235]***	-0.637	[-0.248, 0.095]***
産業-規模 MP	-0.579	-4.001	[-2.652, 1.917]**	-0.579	[-0.159, 0.190]***	-0.739	[-0.181, 0.104]***
産業-簿価時価比率-規模 MP	-0.309	-2.417	[-2.490, 1.848]*	-0.309	[-0.109, 0.300]***	-0.550	[-0.174, 0.132]***
2005 年							
簿価時価比率-規模 MP	-0.219	-3.568	[-3.063, 1.991]**	-0.219	[-0.011, 0.283]***	-0.263	[-0.105, 0.183]***
産業-規模 MP	-0.419	-6.362	[-2.594, 2.207]***	-0.419	[-0.025, 0.223]***	-0.423	[-0.093, 0.162]***
産業-簿価時価比率-規模 MP	-0.133	-1.751	[-3.120, 1.975]	-0.133	[-0.020, 0.243]***	-0.209	[-0.074, 0.100]***
2006 年							
簿価時価比率-規模 MP	-0.244	-6.817	[-2.716, 2.021]***	-0.244	[-0.009, 0.150]***	-0.252	[-0.072, 0.091]***
産業-規模 MP	-0.326	-3.926	[-2.605, 1.865]**	-0.326	[-0.016, 0.124]***	-0.394	[-0.056, 0.097]***
産業-簿価時価比率-規模 MP	-0.198	-3.534	[-2.879, 1.935]**	-0.198	[-0.000, 0.155]***	-0.251	[-0.044, 0.097]***
2007 年							
簿価時価比率-規模 MP	-0.210	-2.641	[-2.589, 1.960]**	-0.210	[-0.101, 0.141]***	-0.324	[-0.147, 0.080]***
産業-規模 MP	-0.257	-2.729	[-2.610, 1.915]**	-0.257	[-0.081, 0.100]***	-0.310	[-0.113, 0.077]***
産業-簿価時価比率-規模 MP	-0.186	-2.604	[-2.367, 2.043]**	-0.186	[-0.084, 0.117]***	-0.207	[-0.098, 0.067]***

第 5 章　IPO 後の長期株価パフォーマンス

表 5.15　簿価時価比率別のバイ・アンド・ホールド異常収益率を用いた検証の結果

| | ブートストラップ法による歪度調整 t 検定 | | | 経験分布による検定 | | | | |
| | 外れ値排除サンプル | | | 外れ値排除サンプル | | フルサンプル | | |
	平均値	歪度修正 t 統計量	5% 水準 両側臨界値	平均値	5% 水準 両側臨界値	中央値	5% 水準 両側臨界値	
パネル A：LOW								
マッチング								
簿価時価比率-規模 M	-0.010	-0.148	[-2.071, 2.039]					
産業-規模 M	-0.192	-2.937	[-2.088, 2.030] ***					
産業-簿価時価比率 M	0.081	1.376	[-2.125, 2.011]					
産業-簿価時価比率-規模 M	-0.021	-0.329	[-2.130, 1.974]					
レファレンス・ポートフォリオ								
等加重ポートフォリオ								
規模 P	-0.291	-4.760	[-1.994, 1.950] ***	-0.291	[-0.081, 0.092] ***	-0.496	[-0.149, -0.026] ***	
簿価時価比率 P	-0.081	-1.442	[-2.025, 1.957]	-0.081	[-0.077, 0.083] **	-0.356	[-0.168, -0.043] ***	
規模-簿価時価比率 P	-0.118	-2.052	[-2.030, 1.960] **	-0.118	[-0.085, 0.100] ***	-0.380	[-0.181, -0.054] ***	
産業 P	-0.220	-3.586	[-2.049, 1.940] ***	-0.220	[-0.090, 0.112] ***	-0.460	[-0.161, -0.038] ***	
全既公開企業 P	-0.295	-4.762	[-2.025, 1.933] ***	-0.295	[-0.087, 0.105] ***	-0.508	[-0.156, -0.032] ***	
簿価時価比率-規模 MP	-0.071	-1.229	[-2.066, 1.952]	-0.071	[-0.085, 0.089]	-0.289	[-0.174, -0.041] ***	
産業-規模 MP	-0.188	-3.033	[-2.068, 1.990] ***	-0.188	[-0.079, 0.085] ***	-0.406	[-0.122, -0.004] ***	
産業-簿価時価比率 MP	-0.050	-0.869	[-2.095, 1.956]	-0.050	[-0.072, 0.076]	-0.275	[-0.133, 0.000] ***	
産業-簿価時価比率-規模 MP	-0.070	-1.216	[-2.068, 1.937]	-0.070	[-0.072, 0.079] *	-0.278	[-0.118, 0.000] ***	
時価加重ポートフォリオ								
規模 P	-0.307	-5.241	[-2.059, 1.988] ***	-0.307	[-0.082, 0.092] ***	-0.453	[-0.131, -0.009] ***	
簿価時価比率 P	-0.053	-0.927	[-2.006, 1.946]	-0.053	[-0.049, 0.111] ***	-0.315	[-0.123, 0.005] ***	
規模-簿価時価比率 P	-0.100	-1.826	[-2.051, 1.947] *	-0.100	[-0.051, 0.129] ***	-0.315	[-0.135, -0.012] ***	
産業 P	-0.106	-1.834	[-2.045, 2.010] *	-0.106	[0.042, 0.242] ***	-0.319	[-0.038, 0.087] ***	
全既公開企業 P	-0.103	-1.810	[-2.018, 1.898] *	-0.103	[0.105, 0.295] ***	-0.332	[0.019, 0.146] ***	
簿価時価比率-規模 MP	-0.032	-0.553	[-2.041, 1.980]	-0.032	[-0.044, 0.130] ***	-0.219	[-0.106, 0.006] ***	
産業-規模 MP	-0.209	-3.640	[-2.086, 1.964] ***	-0.209	[-0.051, 0.100] ***	-0.365	[-0.079, 0.037] ***	
産業-簿価時価比率 MP	0.015	0.291	[-2.072, 2.001]	0.015	[0.005, 0.157] ***	-0.171	[-0.044, 0.056] ***	
産業-簿価時価比率-規模 MP	-0.042	-0.787	[-2.048, 1.977]	-0.042	[-0.016, 0.133] ***	-0.218	[-0.059, 0.051] ***	

IPO 企業を簿価時価比率に応じて 3 分位（低，中，高）に分け，各クラスごとに検証を行っている．簿価時価比率が低い IPO 企業群を LOW，簿価時価比率が中程度の IPO 企業群を MID，簿価時価比率が高い IPO 企業群を HIGH で表している．M はマッチング企業，P はポートフォリオ，MP はマッチングポートフォリオである．ブートストラップ法による歪度修正 t 検定，経験分布による検定ともに，有意水準を 5% としたときの臨界値のみを記している．***，**，* はそれぞれ 1% 水準，5% 水準，10% 水準有意を表す．

表 5.15 簿価時価比率別のバイ・アンド・ホールド異常収益率を用いた検証の結果（続き）

	ブートストラップ法による歪度調整 t 検定			経験分布による検定				
	外れ値排除サンプル			外れ値排除サンプル		フルサンプル		
	平均値	歪度修正 t統計量	5%水準 両側臨界値	平均値	5%水準 両側臨界値	中央値	5%水準 両側臨界値	
パネル B：MID								
マッチング								
簿価時価比率-規模 M	0.268	3.932	[-2.124, 2.002]***					
産業-規模 M	-0.028	-0.386	[-2.072, 2.021]					
産業-簿価時価比率 M	0.190	2.974	[-2.116, 1.911]***					
産業-簿価時価比率-規模 M	0.143	1.905	[-2.152, 2.078]*					
レファレンス・ポートフォリオ								
等加重ポートフォリオ								
規模 P	-0.031	-0.476	[-1.996, 1.924]	-0.031	[-0.100, 0.118]	-0.277	[-0.168, -0.042]***	
簿価時価比率 P	0.194	3.328	[-2.032, 1.927]***	0.194	[-0.084, 0.097]***	-0.080	[-0.174, -0.050]	
規模-簿価時価比率 P	0.163	2.854	[-1.932, 1.886]***	0.163	[-0.099, 0.114]***	-0.134	[-0.202, -0.079]	
産業 P	-0.010	-0.140	[-2.038, 1.910]	-0.010	[-0.100, 0.121]	-0.246	[-0.175, -0.048]***	
全既公開企業 P	-0.030	-0.458	[-1.964, 1.914]	-0.030	[-0.100, 0.119]	-0.279	[-0.174, -0.046]***	
簿価時価比率-規模 MP	0.194	3.294	[-2.043, 1.925]***	0.194	[-0.098, 0.115]***	-0.036	[-0.154, -0.044]**	
産業-規模 MP	-0.000	0.010	[-2.050, 1.942]	-0.000	[-0.091, 0.100]	-0.191	[-0.140, -0.018]***	
産業-簿価時価比率 MP	0.108	1.794	[-2.063, 1.911]*	0.108	[-0.086, 0.099]**	-0.114	[-0.141, -0.015]	
産業-簿価時価比率-規模 MP	0.142	2.378	[-2.086, 1.923]**	0.142	[-0.091, 0.112]**	-0.111	[-0.162, -0.024]	
時価加重ポートフォリオ								
規模 P	-0.045	-0.695	[-2.057, 1.908]	-0.045	[-0.114, 0.103]	-0.262	[-0.156, -0.033]***	
簿価時価比率 P	0.201	3.431	[-2.041, 1.962]***	0.201	[-0.058, 0.117]***	0.001	[-0.135, -0.012]**	
規模-簿価時価比率 P	0.173	3.009	[-2.082, 1.900]***	0.173	[-0.091, 0.117]***	-0.087	[-0.172, -0.040]	
産業 P	0.069	1.105	[-2.142, 1.898]	0.069	[0.009, 0.225]	-0.122	[-0.063, 0.069]***	
全既公開企業 P	0.213	3.609	[-2.055, 1.946]***	0.213	[0.142, 0.357]	0.017	[0.034, 0.164]***	
簿価時価比率-規模 MP	0.191	3.129	[-2.074, 1.974]***	0.191	[-0.121, 0.090]***	-0.029	[-0.136, -0.028]*	
産業-規模 MP	0.013	0.214	[-2.084, 1.945]	0.013	[-0.095, 0.098]	-0.193	[-0.125, 0.001]***	
産業-簿価時価比率 MP	0.089	1.433	[-2.086, 1.994]	0.089	[-0.089, 0.091]*	-0.091	[-0.113, -0.009]	
産業-簿価時価比率-規模 MP	0.186	3.005	[-2.077, 1.994]***	0.186	[-0.067, 0.135]***	-0.004	[-0.104, 0.006]	

表 5.15 簿価時価比率別のバイ・アンド・ホールド異常収益率を用いた検証の結果（続き）

	ブートストラップ法による歪度調整 t 検定			経験分布による検定			
	外れ値排除サンプル			外れ値排除サンプル		フルサンプル	
	平均値	歪度修正 t 統計量	5% 水準 両側臨界値	平均値	5% 水準 両側臨界値	中央値	5% 水準 両側臨界値
パネル C：HIGH							
マッチング							
簿価時価比率-規模 M	0.211	3.040	[-2.142, 2.030]***				
産業-規模 M	0.242	3.499	[-2.103, 1.973]***				
産業-簿価時価比率 M	0.204	2.800	[-2.099, 1.954]***				
産業-簿価時価比率-規模 M	0.203	2.685	[-2.128, 2.025]***				
レファレンス・ポートフォリオ							
等加重ポートフォリオ							
規模 P	0.010	0.181	[-2.058, 1.998]	0.010	[-0.131, 0.151]	-0.106	[-0.196, -0.057]
簿価時価比率 P	0.167	2.984	[-2.030, 1.909]***	0.167	[-0.104, 0.141]**	-0.027	[-0.182, -0.057]***
規模-簿価時価比率 P	0.174	3.030	[-1.986, 1.936]***	0.174	[-0.121, 0.150]**	-0.059	[-0.209, -0.078]**
産業 P	0.058	1.087	[-2.114, 2.012]	0.058	[-0.123, 0.165]	-0.089	[-0.183, -0.052]
全既公開企業 P	0.064	1.121	[-2.062, 1.952]	0.064	[-0.119, 0.146]	-0.086	[-0.196, -0.058]
簿価時価比率-規模 MP	0.133	2.320	[-2.047, 1.950]**	0.133	[-0.125, 0.148]*	0.010	[-0.169, -0.048]***
産業-規模 MP	0.047	0.772	[-2.061, 1.990]	0.047	[-0.130, 0.148]	-0.077	[-0.150, -0.022]
産業-簿価時価比率 MP	0.102	1.874	[-2.124, 1.985]*	0.102	[-0.098, 0.111]*	0.001	[-0.140, -0.032]***
産業-簿価時価比率-規模 MP	0.223	3.778	[-2.045, 1.968]***	0.223	[-0.098, 0.111]***	0.039	[-0.154, -0.019]***
時価加重ポートフォリオ							
規模 P	0.009	0.155	[-2.069, 2.024]	0.009	[-0.160, 0.120]	-0.137	[-0.184, -0.045]**
簿価時価比率 P	0.225	3.683	[-1.966, 1.903]***	0.225	[-0.109, 0.139]***	-0.049	[-0.189, -0.064]**
規模-簿価時価比率 P	0.118	2.016	[-2.035, 1.991]**	0.118	[-0.162, 0.105]**	-0.065	[-0.211, -0.078]**
産業 P	0.322	5.404	[-1.983, 1.916]***	0.322	[0.033, 0.318]**	0.050	[-0.071, 0.067]
全既公開企業 P	0.406	8.002	[-2.031, 1.991]***	0.406	[0.225, 0.487]	0.239	[0.082, 0.226]**
簿価時価比率-規模 MP	0.116	1.907	[-2.066, 1.990]*	0.116	[-0.154, 0.113]**	-0.036	[-0.167, -0.047]**
産業-規模 MP	0.061	0.936	[-2.070, 2.009]	0.061	[-0.155, 0.121]	-0.073	[-0.133, 0.001]
産業-簿価時価比率 MP	0.098	1.646	[-2.150, 1.994]*	0.098	[-0.154, 0.048]***	-0.031	[-0.164, -0.040]**
産業-簿価時価比率-規模 MP	0.193	3.192	[-2.030, 2.005]***	0.193	[-0.104, 0.101]***	0.072	[-0.134, -0.016]***

参考文献

Allen, Franklin and Gerald R. Faulhaber, 1989, "Signalling by underpricing in the IPO market," *Journal of Financial Economics*, Vol. 23, No. 2, pp. 303–323.

Bajaj, Mukesh, Andrew H. Chen, and Sumon C. Mazumdar, 2008, "Competition in IPO underwriting: Time series evidence," in Chen, Andrew H. ed. *Handbook of Corporate Finance: Emprical Corporate Finance*, Vol. 24: Emerald Group Publishing Limited, pp. 1–25.

Baker, Malcolm and Jeffrey Wurgler, 2002, "Market Timing and Capital Structure," *Journal of Finance*, Vol. 57, No. 1, pp. 1–32.

Barber, Brad M. and John D. Lyon, 1997, "Detecting long-run abnormal stock returns: The empirical power and specification of test statistics," *Journal of Financial Economics*, Vol. 43, No. 3, pp. 341–372.

Baron, David P., 1982, "A Model of the Demand for Investment Banking Advising and Distribution Services for New Issues," *Journal of Finance*, Vol. 37, No. 4, pp. 955–976.

Beatty, Randolph P. and Jay R. Ritter, 1986, "Investment banking, reputation, and the underpricing of initial public offerings," *Journal of Financial Economics*, Vol. 15, No. 1–2, pp. 213–232.

Benveniste, Lawrence M. and Paul A. Spindt, 1989, "How investment bankers determine the offer price and allocation of new issues," *Journal of Financial Economics*, Vol. 24, No. 2, pp. 343–361.

Brav, Alon, 2000, "Inference in Long-Horizon Event Studies: A Bayesian

Approach with Application to Initial Public Offerings," *Journal of Finance*, Vol. 55, No. 5, pp. 1979–2016.

Brav, Alon and Paul A. Gompers, 1997, "Myth or Reality? The Long-Run Underperformance of Initial Public Offerings: Evidence from Venture and Nonventure Capital-Backed Companies," *Journal of Finance*, Vol. 52, No. 5, pp. 1791–1821.

Brennan, Michael J. and Julian Franks, 1997, "Underpricing, ownership and control in initial public offerings of equity securities in the UK," *Journal of Financial Economics*, Vol. 45, No. 3, pp. 391–413.

Cai, Jun and K. C. John Wei, 1997, "The investment and operating performance of Japanese initial public offerings," *Pacific-Basin Finance Journal*, Vol. 5, No. 4, pp. 389–417.

Cliff, Michael T. and David J. Denis, 2004, "Do Initial Public Offering Firms Purchase Analyst Coverage with Underpricing?" *Journal of Finance*, Vol. 59, No. 6, pp. 2871–2901.

Derrien, Francois, 2005, "IPO Pricing in "Hot" Market Conditions: Who Leaves Money on the Table?" *Journal of Finance*, Vol. 60, No. 1, pp. 487–521.

Dunbar, Craig G., 2000, "Factors affecting investment bank initial public offering market share," *Journal of Financial Economics*, Vol. 55, No. 1, pp. 3–41.

Easley, David, Nicholas M. Kiefer, Maureen O'Hara, and Joseph B. Paperman, 1996, "Liquidity, Information, and Infrequently Traded Stocks," *Journal of Finance*, Vol. 51, No. 4, pp. 1405–1436.

Easley, David and Maureen O'hara, 2004, "Information and the Cost of Capital," *Journal of Finance*, Vol. 59, No. 4, pp. 1553–1583.

Fama, Eugene F., 1998, "Market efficiency, long-term returns, and behavioral finance," *Journal of Financial Economics*, Vol. 49, No. 3, pp.

283–306.

Fama, Eugene F. and Kenneth R. French, 1992, "The Cross-Section of Expected Stock Returns," *Journal of Finance*, Vol. 47, No. 2, pp. 427–465.

Gompers, Paul A. and Josh Lerner, 2003, "The Really Long-Run Performance of Initial Public Offerings: The Pre-Nasdaq Evidence," *Journal of Finance*, Vol. 58, No. 4, pp. 1355–1392.

Grinblatt, Mark and Chuan Yang Hwang, 1989, "Signalling and the Pricing of New Issues," *Journal of Finance*, Vol. 44, No. 2, pp. 393–420.

Grossman, Sanford J., 1976, "On the Efficiency of Competitive Stock Markets Where Trades Have Diverse Information," *Journal of Finance*, Vol. 31, No. 2, pp. 573–585.

Grossman, Sanford J. and Joseph E. Stiglitz, 1980, "On the Impossibility of Informationally Efficient Markets," *American Economic Review*, Vol. 70, No. 3, pp. 393–408.

Grundy, Bruce D. and Maureen McNichols, 1989, "Trade and the Revelation of Information through Prices and Direct Disclosure," *Review of Financial Studies*, Vol. 2, No. 4, pp. 495–526.

Habib, Michel A. and Alexander P. Ljungqvist, 2001, "Underpricing and Entrepreneurial Wealth Losses in IPOs: Theory and Evidence," *Review of Financial Studies*, Vol. 14, No. 2, pp. 433–58.

Hanley, Kathleen Weiss, 1993, "The underpricing of initial public offerings and the partial adjustment phenomenon," *Journal of Financial Economics*, Vol. 34, No. 2, pp. 231–250.

Ikenberry, David, Josef Lakonishok, and Theo Vermaelen, 1995, "Market underreaction to open market share repurchases," *Journal of Financial Economics*, Vol. 39, No. 2–3, pp. 181–208.

James, Christopher and Peggy Wier, 1990, "Borrowing relationships, intermediation, and the cost of issuing public securities," *Journal of Financial Economics*, Vol. 28, No. 1–2, pp. 149–171.

Jenkinson, Tim and Alexander Ljungqvist, 2001 *Going Public: The Theory and Evidence on How Companies Raise Equity Finance*: Oxford University Press, 2nd edition.

Kaneko, Takashi and Richard H. Pettway, 2003, "Auctions versus book building of Japanese IPOs," *Pacific-Basin Finance Journal*, Vol. 11, No. 4, pp. 439–462.

Kerins, Frank, Kenji Kutsuna, and Richard Smith, 2007, "Why are IPOs underpriced? Evidence from Japan's hybrid auction-method offerings," *Journal of Financial Economics*, Vol. 85, No. 3, pp. 637–666.

Leoni, Patrick L., 2008, "A market microstructure explanation of IPOs underpricing," *Economics Letters*, Vol. 100, No. 1, pp. 47–48.

Liu, Weimin, 2006, "A liquidity-augmented capital asset pricing model," *Journal of Financial Economics*, Vol. 82, No. 3, pp. 631–671.

Ljungqvist, Alexander, 2007, "IPO Underpricing," in Eckbo, B. Espen ed. *Handbook of Corporate Finance: Empirical Corporate Finance*, Vol. 1: Elsever/North-Holland, Chap. 7, pp. 375–442.

Loughran, Tim and Jay R. Ritter, 1995, "The New Issues Puzzle," *Journal of Finance*, Vol. 50, No. 1, pp. 23–51.

———, 2000, "Uniformly Least Powerful Tests of Market Efficiency," *Journal of Financial Economics*, Vol. 55, No. 3, pp. 361–389.

———, 2002, "Why Don't Issuers Get Upset About Leaving Money on the Table in IPOs?" *Review of Financial Studies*, Vol. 15, No. 2, pp. 413–444.

———, 2004, "Why Has IPO Underpricing Changed Over Time?" *Financial Management*, Vol. 33, No. 3, pp. 5–37.

Lyon, John D., Brad M. Barber, and Chih-Ling Tsai, 1999, "Improved

Methods for Tests of Long-Run Abnormal Stock Returns," *Journal of Finance*, Vol. 54, No. 1, pp. 165–201.

Michaely, Roni and Wayne H. Shaw, 1994, "The Pricing of Initial Public Offerings: Tests of Adverse-Selection and Signaling Theories," *Review of Financial Studies*, Vol. 7, No. 2, pp. 279–319.

Mitchell, Mark L. and Erik Stafford, 2000, "Managerial Decisions and Long-Term Stock Price Performance," *Journal of Business*, Vol. 73, No. 3, pp. 287–329.

Muscarella, Chris J. and Michael R. Vetsuypens, 1989, "A simple test of Baron's model of IPO underpricing," *Journal of Financial Economics*, Vol. 24, No. 1, pp. 125–135.

Nimalendran, M., Jay R. Ritter, and Donghang Zhang, 2007, "Do today's trades affect tomorrow's IPO allocations?" *Journal of Financial Economics*, Vol. 84, No. 1, pp. 87–109.

Pastor, Lubos and Robert F. Stambaugh, 2003, "Liquidity Risk and Expected Stock Returns," *Journal of Political Economy*, Vol. 111, No. 3, pp. 642–685.

Reuter, Jonathan, 2006, "Are IPO Allocations for Sale? Evidencefrom Mutual Funds," *Journal of Finance*, Vol. 61, No. 5, pp. 2289–2324.

Ritter, Jay R., 1991, "The Long-run Performance of Initial Public Offerings," *Journal of Finance*, Vol. 46, No. 1, pp. 3–27.

Rock, Kevin, 1986, "Why new issues are underpriced," *Journal of Financial Economics*, Vol. 15, No. 1–2, pp. 187–212.

Ruud, Judith S., 1993, "Underwriter price support and the IPO underpricing puzzle," *Journal of Financial Economics*, Vol. 34, No. 2, pp. 135–151.

Schultz, Paul H. and Mir A. Zaman, 1994, "Aftermarket support and underpricing of initial public offerings," *Journal of Financial Economics*, Vol. 35, No. 2, pp. 199–219.

Sherman, Ann E., 2000, "IPOs and Long-Term Relationships: An Advantage of Book Building," *Review of Financial Studies*, Vol. 13, No. 3, pp. 697–714.

――――, 2005, "Global trends in IPO methods: Book building versus auctions with endogenous entry," *Journal of Financial Economics*, Vol. 78, No. 3, pp. 615–649.

Sherman, Ann E. and Sheridan Titman, 2002, "Building the IPO order book: underpricing and participation limits with costly information," *Journal of Financial Economics*, Vol. 65, No. 1, pp. 3–29.

Stoughton, Neal M. and Josef Zechner, 1998, "IPO-mechanisms, monitoring and ownership structure1," *Journal of Financial Economics*, Vol. 49, No. 1, pp. 45–77.

Tinic, Seha M., 1988, "Anatomy of Initial Public Offerings of Common Stock," *Journal of Finance*, Vol. 43, No. 4, pp. 789–822.

Wang, Jiang, 1994, "A Model of Competitive Stock Trading Volume," *Journal of Political Economy*, Vol. 102, No. 1, pp. 127–168.

Welch, Ivo, 1989, "Seasoned Offerings, Imitation Costs, and the Underpricing of Initial Public Offerings," *Journal of Finance*, Vol. 44, No. 2, pp. 421–449.

――――, 1992, "Sequential Sales, Learning, and Cascades," *Journal of Finance*, Vol. 47, No. 2, pp. 695–732.

阿部圭治, 2005,「JASDAQ 市場における新規株式公開の長期パフォーマンス」,『高崎経済大学論集』, 第 48 巻, 第 1 号, 33–44 頁.

池田直史, 2008,「IPO の価格決定メカニズム：オークション理論適用の試み」, 慶應義塾大学大学院 商学研究科 修士論文.

――――, 2010a,「IPO における大手証券会社の引受と初期収益率：利益相反仮説の検証」,『三田商学研究』, 第 53 巻, 第 1 号, 81–96 頁.

――――, 2010b,「引受主幹事の売買関係業務におけるシェアが IPO

参考文献

後の流動性に与える影響」，慶應義塾大学経商連携グローバル COE プログラム ディスカッション・ペーパー DP2009-025.

―――，2012，「投資家の意見のばらつきが取引量とボラディリティーに与える影響」，『経営財務研究』，第 32 巻，91–107 頁.

―――，2013a，「IPO の株価観察不能性と正の初期収益率」，『金融経済研究』，第 35 巻，34–51 頁.

―――，2013b，「IPO 後の長期株価パフォーマンス」，『現代ファイナンス』，第 33 巻，23–52 頁.

池田直史・金子隆，2014，「ブックビルディング方式は本当に優れているのか？―IPO の価格決定方式に関する比較の価格決定方式に関する比較再検討―」，2014 年度日本ファイナンス学会第 22 回大会報告論文.

岡村秀夫，2013，『日本の新規公開市場』，東洋経済新報社.

金子隆，2002，「なぜ企業は新規公開時にブックビルディング方式を選択するのか?」，2002 年度日本ファイナンス学会第 10 回大会報告論文.

―――，2006，「公開前市場の推定均衡価格と公開価格の関係：パズルの提示と解明の試み」，慶應義塾大学経商連携 21 世紀 COE プログラム ディスカッション・ペーパー DP2006-012.

―――，2007，「引受主幹事の公開価格設定行動：部分入札方式下の謎」，『三田商学研究』，第 49 巻，第 6 号，103–119 頁.

―――，2010，「IPO の過小値付け現象―不正確性プレミアム仮説の検証―」，『三田商学研究』，第 53 巻，第 2 号，61–81 頁.

忽那憲治，2001，「ベンチャー企業向け証券市場間競争のグローバル展開と成長企業の輩出―わが国新規店頭公開企業の長期株価パフォーマンス分析―」，大阪市立大学経済研究所・中尾茂夫（編）『金融グローバリズム』，東京大学出版会，第 6 章，139–168 頁.

忽那憲治，2008，『IPO 市場の価格形成』，中央経済社.

久保田敬一・竹原均，2007，「JASDAQ 市場における新規株式公開の長期パフォーマンス」，『現代ファイナンス』，第 22 巻，3–23 頁．

佐々木磨，2007，「IPO 制度の変遷―入札方式からブックビルディング方式へ―」，『証券アナリストジャーナル』，21–34 頁．2007 年 9 月号．

鈴木健嗣，2009，「エクイティファイナンス」，榊原茂樹・花枝英樹（編）『資本調達とペイアウト政策』，中央経済社，第 4 章，83–110 頁．

辰巳憲一，2006，「米国の IPO と証券発行規制について」，『学習院大学経済論集』，第 43 巻，第 2 号，223–245 頁．

テキ林瑜，2009，「IPO における逆 V 字型経営業績と「幻の初期収益率」」，『証券アナリストジャーナル』，81–92 頁．2009 年 2 月号．

日本証券業協会，2007，「会員におけるブックビルディングのあり方等について―会員におけるブックビルディングのあり方等に関するワーキング・グループ報告書―」．

野村亜紀子，2003，「米国 SEC の IPO 銘柄割り当てに関する規則改正案」，『資本市場クォータリー』，1–11 頁．2003 年夏号．

―――，2005，「米国の IPO 手続きをめぐる諮問委員会報告書について」，『資本市場クォータリー』，1–8 頁．2005 年冬号．

みずほ銀行証券業務部・みずほインベスターズ証券引受部，2011『株式上場の実務（第 4 版）』，金融財政事情研究会．

著者紹介

池田　直史

2006年　慶應義塾大学商学部卒業
2008年　慶應義塾大学大学院商学研究科前期博士課程修了
2013年　慶應義塾大学大学院商学研究科後期博士課程修了、博士（商学）
現在　　東京工業大学助教
　　　　元・三菱経済研究所研究員

IPO の理論・実証分析
―過小値付けと長期パフォーマンス―

2015 年 2 月 15 日印刷
2015 年 2 月 20 日発行

定価　本体 3,000 円＋税

著　者　池田　直史（イケダ　ナオシ）

発行所　公益財団法人　三菱経済研究所
　　　　東京都文京区湯島 4-10-14
　　　　〒113-0034 電話 (03)5802-8670

印刷所　株式会社　国際文献社
　　　　東京都新宿区高田馬場 3-8-8
　　　　〒169-0075 電話 (03)3362-9741 〜 4

ISBN 978-4-943852-51-3